場面別
ビジネス英会話

English for Success in Business

決まり表現&
英語実況中継

Katsuno Shibayama
柴山かつの

英文校閲
ポール・ドーリー

CD BOOK
[CD2枚付き]
ベレ出版

心のこもったビジネス英語を話せるようになってもらいたい

　本書はビジネス通訳者としての私の経験、そして英語で仕事をしている私の生徒の皆さんの意見、要望を元に誕生しました。本書は「仕事に必要な文を必要な時に使える表現集＋場面別英会話」です。

　単に決まり表現を引用するだけでは、本当の英語の力が身につきませんし、心のこもった英語が話せません。
　Chapter 1 から Chapter 4 までの構成は「1. 英語で言ってみよう！」「2. 決まり表現をスラスラ言えるようになろう！」（例文の下には重要、参考、注意などを入れています）「3. ビジネス場面実況中継」（日本語訳・重要語句をチェック！を含む）「4. ビジネス英語講座実況中継」の4部から成り立っています。

　1. と 2. が表現集に当たる部分です。「1. 英語で言ってみよう！」の（　）内の英語を使った「2. 決まり表現をスラスラ言えるようになろう！」を暗記すると、その都度、適切な表現を引用しなくても、スラスラ自信を持って心を込めて話せるようになるのです。

　それでは、どのようにすれば「暗記できる」ようになるのでしょうか？
楽しくなると「暗記できる」ようになります。
　どうすれば楽しくなるのでしょうか？
　臨場感のある「3. ビジネス場面実況中継」で話せる自分を思い浮かべれば楽しくなります。
　「3. ビジネス場面実況中継」は「2. 決まり表現をスラスラ言えるようになろう！」で覚えた例文、または少し応用させた文を組み入れてのビジネス場面の実況中継です。

　「4. ビジネス英語講座実況中継」は、先生と生徒の会話で解説されます。
　まるで授業を受けているような気分で学習できます。先生が 日本人の間違いやすい表現 や単語の覚え方を楽しく教えます。また、生徒の質問に的確に懇切丁寧に答えます！

ビジネススモールトークに結び付く会話も先生が教えてくれます。

海外赴任が決まった生徒さんたちの悩みは**「自分は誤解を招くような失礼な英語を話しているのではないだろうか？」**です。ですから、Chapter 1「会社で使う英語」では、丁寧な表現、失礼になってしまう表現などを、詳しく学習します。

近年、英語で会議をする機会が増えました。また数カ国で行われるテレコンフェレンスも増加しています。ですからChapter 2は「ミーティングの英語」にしました。
　会議で必要な意見の述べ方、賛成・反対の表現をしっかり身につければ、会議で自信を持って話せるようになります。国内市場が縮小しつつある今、事業の海外比率が高まり、現地開発・生産が増加しています。本書ではそれを会議の議題にした実況中継も盛り込んでいます。また、マーケティング会議や販売戦略会議も、とても臨場感があります。

最近は社内でも社外でもプレゼンする機会が増えました。日本人はプレゼンがうまくないと言われています。それはなぜでしょうか？　恥ずかしがり屋だからでしょうか？
　それは、**プレゼンの手順**がきちんとわかっていないからだと思います。
　これから国際展示会や会社訪問をしての商品説明、工場見学などがますます増えるでしょう。
　Chapter 3「プレゼンテーションの英語」の例文を覚えれば、まずは**会社説明がきちんとできるようになります。人の興味を引くプレゼンができるようになります！**　またプレゼンを聞いて質問できるようになります。

プレゼンができるようになったら、次は**交渉**できるようにならなければなりません。
　Chapter 4「交渉の英語」を勉強すれば**「相手がこう言えば、こちらはこう言う」という問答のタイミングと技法**が身につきます。

Chapter 5は「絶対に必要なビジネス知識」です。**為替相場、円高ドル安と**

円安ドル高の関係、海外アウトソーシング、マーケティング、需要と供給の関係などは会議だけでなく、スモールトークの話題としても語られることが多くなりました

　これらを英語で表現するのは、例文を覚えれば決して難しいことではありません。また、これらの会話に絶対必要な知識は会議の場面でも非常に役立ちます。

　読者の皆さんの中にはご自身の仕事に必要な Chapter と、必要でない Chapter があると思う方がおられるかもしれません。しかし、英語で仕事をするビジネスパーソンになるためには、すべての Chapter が必要です。例えば、エンジニアの方もプレゼンはもちろんのこと、営業の方に付き添って交渉の場に出なければならない場合も多くなりました。また、昇進・昇格の条件として TOEIC のスコア〜点以上を義務づけている企業も多いようです。**TOEIC のスコアアップするためには本書の全 Chapter の知識＋英語が必要です。**

　付録は、レストランやパーティーでの英語、スモールトークに役立つ日本の基礎知識（交渉の英語はできるようになったけれども、顧客との懇親会などでの接し方がわからない、日本について聞かれた時に困る……という生徒さんのリクエストに応じて作りました）、トラブルを回避するための便利な表現、品詞別に単語力を増強する方法、数字の英語を掲載していますので、活用してください。本書の付属 CD はアメリカ人男性とイギリス人女性にナレーションをお願いしました。アメリカ英語だけでなくイギリス英語の発音にも慣れていただけるのが類書にない魅力です。

　なお、本書は日米英語学院の Paul Dorey 先生に丁寧に英文校閲と有益なアドバイスをたくさんいただきました。

　同じく、日米英語学院の津村元司先生にもアドバイスだけでなく校正のお手伝いをしていただきました。

　本書の誕生にあたってご協力くださった皆さん、本当にありがとうございます。

　本書を本気で学習しビジネスの場で活躍されることを、心から願っています。

　本書が末永く皆さんに愛され続けますように。

柴山　かつの

CONTENTS

● 心のこもったビジネス英語を話せるようになってもらいたい　3

Chapter 1　会社で使う英語

1-1 電話の応対

　　最初の基本的な応対表現　20
　　電話をつないでもらう依頼表現　20
　　電話をつなげる場合の応答表現　22
　　電話をつなげない場合の応答表現　22
　　伝言に関する表現　24
　　携帯電話に連絡する場合の表現　24
　　電話が聞き取りにくい場合・情報確認の表現　24
　　電話の用件を伝える4つの重要表現　26
　　電話をかけなおす場合の表現　26
　　電話を切る時の表現　28
　　[ビジネス場面実況中継]
　　● 電話を転送してもらい、遅刻する旨を連絡する場面　30

1-2 受付での応対方法

　　来客の表現①　36
　　受付係の表現①　36
　　来客の表現②　36
　　受付係の表現②　36
　　応接室へ案内する場合の来客との基本応答例　38
　　来客への案内の基本表現　38
　　[ビジネス場面実況中継]
　　● 受付に到着し、担当者に面会を求めている場面　40

1-3 初対面での自己紹介の方法

　　初対面でのあいさつの表現　42
　　初対面のスモールトークの表現　44

簡単な自己紹介の表現　44
取引先に対する感謝の表現　46
取引先と別れる際の表現　46
ビジネス場面実況中継
● 初対面で自己紹介し部下を取引先に紹介する場面　48

1-4 経費（出張旅費 etc）申請方法
経費（出張旅費）の事前申請のやりとり基本表現　50
経費払い戻しの申請の表現　52
ビジネス場面実況中継
● 旅費の払い戻し申請をしている場面　54

1-5 仕事の依頼と応答
依頼の表現　58
応じる場合の表現　60
礼儀正しい断りの表現　60
代替案を出す場合の表現　60
ビジネス場面実況中継
● 翻訳の依頼をされ、代替案で応じる場面　62

1-6 申し出・アドバイス・提案方法
申し出る表現と応答表現　66
アドバイスを求める表現　66
提案・アドバイスの表現　68
ビジネス場面実況中継
● 先輩が新入社員に手伝いを申し出、新入社員が先輩にアドバイスを求める場面　70

1-7 進行状況を尋ねる・報告する
進捗状況を聞く表現　72
進捗状況を聞かれて報告する表現　74
残業に関する表現　74
ビジネス場面実況中継
● 仕事の進捗状況を聞かれ、臨時雇用者を依頼している場面　76

1-8 就業規定の説明と休暇申請
就業規定の説明の表現　78
休暇申請の表現　78

休暇申請を許可できない場合の表現と具体例　78
　　〈ビジネス場面実況中継〉
　　　●夏季休暇を申し出たが、その期間中の展示会勤務を依頼されている場面　80

1-9 パソコン・コピー・ファックスの英語
　　電源を入れる表現　82
　　パソコンに関する表現　82
　　コピーに関する表現　88
　　ファックスに関する表現　88
　　〈ビジネス場面実況中継〉
　　　●ファックス、Eメール、コピーすべての調子が悪い場面　90

Chapter 2　ミーティングの英語

2-1 顧客とのミーティングの設定
　　用件を言って相手の都合を聞く表現　94
　　相手に選択肢を与えて都合を聞く表現　94
　　都合を答える表現　94
　　相手の希望時間を聞く表現　96
　　相手に日時を指定して依頼する表現　96
　　到着する時刻を告げる表現　96
　　場所と時刻を指定する表現　96
　　急用で約束をキャンセルする場合の表現　96
　　〈ビジネス場面実況中継〉
　　　●新製品について話すために、営業担当者が顧客に電話でアポをしている場面　98

2-2 会議の手配と連絡
　　会議手配の依頼表現　102
　　会議参加者への連絡とその返事の表現　102
　　会議日時変更についてのお知らせとその返事の表現　102
　　〈ビジネス場面実況中継〉
　　　●電話で会議日時の変更を告げる場面　104

2-3 会議の始め方と役割分担の発表
　　会議を始める表現　106
　　会議の役割発表の表現　106

資料配布に関する表現　106
　　[ビジネス場面実況中継]
　　● 書記担当者が病欠の電話をしてきたので、別の人に書記担当の依頼をする場面　108

2-4 テレコンフェレンスの冒頭のあいさつ
　　テレコンフェレンスの冒頭の表現　110
　　[ビジネス場面実況中継]
　　● ビデオ会議で議長が冒頭のあいさつをし、参加者が自己紹介をする場面　112

2-5 会議の目的・意見を求める、賛成する
　　会議の目的と草案を示す表現　114
　　意見を求める表現　114
　　賛成意見を述べる表現　116
　　[ビジネス場面実況中継]
　　● 香港に支社と主要店舗を開設することについてのミーティングの場面　118

2-6 反対意見を述べる・脱線を元に戻す
　　反対意見を述べる表現　120
　　部分的に賛成し反対意見を述べる表現　120
　　脱線を元に戻す表現　122
　　[ビジネス場面実況中継]
　　● インドにアウトソーシングすることについてのミーティングの場面　124

2-7 明確にする・訂正する・話題を変える
　　明確な説明を求める表現　126
　　誤解を解き明確にするための表現　126
　　誤りを訂正する表現　128
　　相手の言っていることを確認する表現　128
　　話題を変える表現　128
　　[ビジネス場面実況中継]
　　● 薄利多売かブランド構築かについて話し合う場面　130

2-8 妥協案を促す・冷静に話し合う
　　割り込み発言を止める表現　132
　　興奮している発言者をなだめる表現　132
　　最後まで話す許可を求める表現　132
　　妥協案を促す表現　132

休憩を提案する表現　134
ビジネス場面実況中継
● 研究開発費と広告宣伝費の予算を話し合う場面　136

2-9 ブレスト・意見を述べる
ブレストを促す表現　138
意見を述べる表現　138
ビジネス場面実況中継
● 売上を伸ばすための会議のブレストの場面　142

2-10 意見を留保する・考えを変えたことを伝える
意見を留保する表現　146
賛成でも反対でもない場合の表現　146
考えを変えたことを伝える表現　146
ビジネス場面実況中継
● ベトナムでの和食ファストフードレストラン開設を話し合う場面　148

2-11 内容確認・採決・決定事項の連絡
会議時間が残り少なくなっている場合の表現　152
内容確認についての表現　152
会議終了前に意見を求める表現　154
採決の表現　154
結論の表現　154
会議終了時と次回会議の連絡表現　156
ビジネス場面実況中継
● 品質改善と納期を守るために、生産マネージャーと品質マネージャー派遣を決定する場面　158

Chapter 3　プレゼンテーションの英語

3-1 プレゼン冒頭部と会社説明の基本表現
プレゼンの冒頭部の基本表現　164
会社説明の表現　166
質問を受ける場合の表現　170
質問に答えられない場合の表現　170
質問が出なくなった場合の表現　170

アンケート記入依頼の表現　170
展示会ブースでの小さなプレゼンでの表現　172
大きな商品（電気製品etc）のプレゼンの表現　172
展示会参加者の質問の表現　176
ビジネス場面実況中継
● 新製品 Super Dishwasher についてプレゼンしている場面　180

3-2 工場見学でのプレゼン

工場見学に関する表現　184
工場案内中の注意事項に関する表現　186
ビジネス場面実況中継
● ロボット工場を案内する前に会社説明し、注意事項などを述べている場面　188

3-3 グラフを使ってのプレゼン

資料配布の表現　190
スクリーンについての表現　190
円グラフで使う表現　192
グラフを説明する冒頭部の表現　192
グラフを使って売上高を説明する表現　192
売上高のプレゼンの結論を説明する表現　196
ビジネス場面実況中継
● グラフを使って、販売実績の発表と今後の対策を述べている場面　198

Chapter 4　交渉の英語

4-1 見積もり依頼・提示・交渉の結果

顧客のカタログ請求と見積もり依頼に関する表現　206
業者側の見積もりに関する表現　206
顧客の値下げ交渉の表現　210
業者側の値下げ交渉（カウンターオファー）に関する断りの表現　210
顧客側の検討に関する表現　212
業者側の値下げ交渉（カウンターオファー）に関する受諾の表現　212
カウンターオファーの受諾に応じる表現　212
交渉決裂の場合の双方の表現　214
オリジナル注文の場合の顧客と業者の交渉の基本表現　214

┌ビジネス場面実況中継┐
　　　●見積もり依頼に対して、業者が期間限定の数量割引を提示し顧客と交渉している場面　216

4-2　納期の交渉・支払条件・契約

　　納期に関する顧客の表現　220
　　納期に関する業者側の表現　220
　　在庫状況と納品日に関する交渉の表現　222
　　注文品が製造中止、またはアップグレードした型がある場合の表現　224
　　注文変更の表現　224
　　支払方法・条件に関する表現　224
　　支払期日に関する表現　226
　　注文決定と確認に関する表現　226
　　リース契約の交渉の表現　228
　　┌ビジネス場面実況中継┐
　　　●納期交渉と支払方法の交渉後、購入決定の場面　230

4-3　苦情と謝罪

　　間違った商品に対する顧客の苦情の表現　234
　　数量不足に対する顧客の苦情の表現　234
　　品質保証期限が過ぎている場合の顧客の苦情表現　236
　　注文商品破損に対する顧客の苦情表現　236
　　配達期日に商品が到着しない場合の顧客の苦情表現　236
　　業者のミスに対する顧客の共通依頼表現　236
　　顧客の苦情に対する業者の対応表現　238
　　商品未着の連絡を受けたがすでに発送している場合の業者の状況説明の表現　238
　　欠陥商品の場合の顧客の苦情表現　240
　　欠陥商品との連絡を受けた場合の業者側の対応表現　242
　　オリジナル注文の仕様が異なる場合の顧客と業者の交渉の基本表現　242
　　謝罪表現　242
　　┌ビジネス場面実況中継┐
　　　●間違った商品が届いたので、小売業者と卸売業者が交渉している場面　244

4-4　請求ミスと請求未払いの取り立て

　　請求書に間違いがある場合の顧客の表現　246
　　請求書に間違いがある場合の業者の表現　246
　　業者側の顧客に対する代金未払いの１回目の取り立ての表現　248
　　業者側の顧客に対する代金未払いの２回目以降の取り立ての表現　250

送金済みの場合の顧客の表現　250
　　未払いの場合の顧客の表現　250
　　ビジネス場面実況中継
　　●請求書記載間違いと入金督促の場面　252

4-5 代理店と契約
　　商談に入る前の表現　256
　　代理店を探しているメーカーの表現　256
　　代理店希望会社の基本表現　256
　　業績に関する双方の基本的な表現　258
　　代理店契約の双方の取引の詳細な表現　260
　　代理店契約時の表現　260
　　ビジネス場面実況中継
　　●日本の衣料雑貨卸売会社が、独占代理店になるための交渉をし契約をしている場面　262

Chapter 5　絶対に必要なビジネス知識

5-1 市場とマーケティング戦略で使う英語①
　　需要と供給の関係の表現　268
　　顧客満足度と市場調査の表現　268

5-2 市場とマーケティング戦略で使う英語②
　　シェア・市場細分化・ブランド構築の表現　272

5-3 市場とマーケティング戦略で使う英語③
　　商品と価格の表現　276

5-4 提案と販売戦略の英語
　　販売戦略会議で役立つ提案の表現　278

5-5 提案と広告宣伝で使う英語
　　会議で役立つ広告宣伝の表現　284

5-6 円・ドル・為替相場
　　円高ドル安に関する表現　286

円安ドル高に関する表現　288
為替相場に関する表現　288

5-7 海外アウトソーシング

海外アウトソーシングを奨励する理由と具体例の表現　290
海外アウトソーシングの問題点と対策の表現　292

5-8 関連会社・提携会社・企業合併の発表

子会社・関連会社・提携会社・合弁会社に関する表現　294
合併買収に関する表現　296

5-9 工場で使う英語

安全基準に関する表現　298
納期に関する表現　298
人事面での対策に関する表現　298
品質管理対策に関する表現　298
部品会社と製造メーカーの基本的な交渉の表現例　300
JITに関する表現　300
リードタイムに関する表現　302

5-10 在庫管理と価格設定

需要を予測する必要性の表現　304
在庫過剰対策に関する表現　304
適正在庫維持に関する表現　306

5-11 物　流

物流についての表現　308

付　録　311

1. レストランやパーティーでの英語　312
2. スモールトークに役立つ日本の基礎知識　316
3. トラブル回避・トラブル解決の英語知識　324
4. 品詞から単語力を増強する方法　327
5. 数字の英語　330

| 日本人が間違いやすい表現・役立つ表現・単語の覚え方チェック項目 |

1-1
- ☐ 電話の用件を伝える決まり表現の確認　31
- ☐ 使役動詞 make、have、let の違い　32
- ☐ 日本人が間違いやすい表現 I'm afraid we'll just have to let you go. の意味　32
- ☐ 冠詞の有無で意味が変わる表現 He is out of the office. と He has left the office. の意味　33
- ☐ 「本日は会社を退社しました」を明確に示す表現　33
- ☐ 日本人が間違いやすい表現 call と reach の違い　34
- ☐ 休暇中の自動応答による音声メッセージ　34
- ☐ カスタマーサービスが話し中の自動応答メッセージ　34
- ☐ representative の意味　35

1-2
- ☐ 日本人が間違いやすい表現　I have been expecting you. と I have been waiting for you. の違い　41
- ☐ 日本人が間違いやすい表現　Please take a seat. Please have a seat. と Please sit down. Please be seated. の意味　41

1-3
- ☐ 日本人が間違いやすい表現　Nice to meet you. と Nice meeting you. と Nice to see you again. の違い　49
- ☐ 日本人が間違いやすい表現　take the time と take your time の違い　49

1-4
- ☐ reimburse と refund の違い　55
- ☐ 語源から単語を覚える方法 reject、respect、review、remit、resolve　56
- ☐ claim の意味　56
- ☐ 語源から単語を覚える方法 accredit、discredit、incredible　57
- ☐ 語源から単語を覚える方法 confer、prefer、refer　57

1-5
- ☐ 依頼されたことに応じる場合の表現　63
- ☐ 勧誘に応じる場合の表現　63
- ☐ 勧誘された場合の応答 Yes, why not? の意味　63
- ☐ 日本人が間違いやすい表現 依頼文 Would you mind ＋ ～ ing とその応答　64
- ☐ 依頼の表現11（カジュアル→丁寧）　64

1-6
- ☐ きつい表現2　71
- ☐ 提案する場合の丁寧な表現6　71

1-7
- be going to 〜と be going to have to 〜の違い　77

1-8
- 覚えてほしい表現 I'd appreciate it if you could ＋動詞の原形　81
- 語源から単語を覚える方法 submit、subscribe、subtitle　81

1-9
- I should have ＋過去分詞の表現　91
- 否定文の中の or と and の違い　91
- 「コンセントにプラグを差し込んでくれませんか？」の表現　92
- 語源から単語を覚える方法 decompress、derail、detour, etc　92

2-1
- 日本人が間違いやすい表現 I'll go there around ＋時刻の意味　99
- 日本人が間違いやすい表現　今日は予定が入っていますか？の表現　Do you have any appointments today? と Do you have a schedule today? の違い　100
- make it の意味と使い方　100

2-2
- 日付の法則　105

2-3
- 日本人が間違いやすい表現　take the role of 〜「〜の役割をする」と play the role of 〜「〜の役割を演じる」　109
- take the minutes「議事録をとる」と take a minute to 〜「〜の時間を割く」　109
- circulate「回覧する」と circle「円を描く」、distribute「配布する」と deliver「配達する」　109
- イディオムが名詞になった例　109
- 確定した近い未来は現在進行形　109

2-4
- 会議途中で抜ける場合の表現　113
- 「万障お繰り合わせの上」を意味する表現　113

2-5
- 日本人が間違いやすい表現　I couldn't agree more with it と I couldn't agree with it anymore. の違い　119
- flagship の意味　119
- 「意見が一致しています」のカジュアルな表現　119

2-6
- ミーティングで潤滑油的な役割をする表現　125

2-7
- 相手の気分を害さぬように使う seem と Maybe　131

2-8
- 語源から単語を覚える方法 compromise　137
- 日本人が間違いやすい表現 break と rest の違い　137

2-9
- 意見を述べる基本表現7　144
- I would say (that) ＋主語＋動詞が控えめな表現である理由　144
- probably、perhaps、maybe の確率　145
- 語源から単語を覚える方法 presume、assume、consume、resume　145

2-10
- argument の意味　150
- 語源から単語を覚える方法 perspective、perceive　151
- 語源から単語を覚える方法 spectator、prospect、inspect、retrospect　151
- 語源から単語を覚える方法 elaborate、collaborate　151

2-11
- 「会議を終わらせましょう」の表現　159
- Let's table the bill. の意味　160
- China Plus One とバングラデシュ　160

3-1
- プレゼンの手順と重要表現についての確認　182

3-2
- 世界を牽引するロボット製造国の日本　189

3-3
- by 10％「度合」と year on year は「前年度比で」の表現　201
- 日本人が間違いやすい表現　year on year、year by year、year after year の違い　202
- グラフを使って売上を説明する楽しい表現　202
- fail to と can't の違い　202
- グラフの種類の単語　203

4-1
- 見積もり・価格・割引のボキャブラリー　217
- 業者に関するボキャブラリー　218
- ship「出荷する」について　218
- 注文に関するボキャブラリー　218
- 契約に関するボキャブラリー　219

4-2
- ビジネス単語は理解し覚えること　例：in a lump sum　231
- 語源から単語を覚える方法 install　232

- ☐ 語源から単語を覚える方法 inquire、require　232
- ☐ 語源から単語を覚える方法 extend、expire、inspire、perspire　232
- ☐ term と terms と termination の違い　232
- ☐ 語源から単語を覚える方法　export、exterminate、ex-president　233
- ☐ 語源から単語を覚える方法 precede、concede　233

4-3
- ☐ 「現状のままでよろしければ〜」の表現　245
- ☐ 「お詫びの印として」の表現　245

4-4
- ☐ due date と deadline の違い　254
- ☐ deadline に関する表現　254
- ☐ 締め切りを延長する表現　254
- ☐ remit に関するボキャブラリー　255
- ☐ 「3枚のTシャツに小さな穴が1つずつ開いています」の表現　255

4-5
- ☐ distributor と agent の違い　263
- ☐ exclusive について　264
- ☐ rights のついた単語　265

5-4
- ☐ マーケティングのボキャブラリー　282

Chapter 1

会社で使う英語

Chapter 1-1
電話の応対

重要表現※かっこの中の表現を使って、英語で練習しましょう。

英語で言ってみよう！

最初の基本的な応対表現

1. もしもし、こちら ABC 商事の田中リサでございます。
   （社外からの電話を受ける場合：あいさつ＋会社名＋名前＋speaking）

2. ご用件をお伺いします。（どのようなご用件ですか？）（help）

3. どちら様でいらっしゃいますか？（May I ask 〜）

4. Ace 医療機器のデヴィット・ホワイトです。
   （This is ＋人の名前＋speaking ＋from＋会社名）

電話をつないでもらう依頼表現

5. 海外営業部の森知恵子さんをお願いします。（とお話しできますか？）
   （May I speak with ＋人？ / overseas sales department）

6. 海外販売を扱っている方をお願いします。（とお話しできますか？）
   （someone who / handle overseas sales）

7. 森さんに電話をつないでくださいますか？（put A through to B）

8. 内線6435の森さんにつないでください。（connect A to B / extension）

電話を苦手とする人が多いようです。まず、決まり表現を覚えましょう。用件を伝える時は表現33. I'm calling to 〜. 34. I'm calling about 〜. 35. I'm calling because 〜 36. I'm calling to let you know 〜の「〜」に用件を入れて述べれば鬼に金棒！ 用件はメモを見ながら伝えることができるので楽勝です。しかし、日本語でも電話は聞き取りにくいことがありますね。ここでは速いテンポの英語に慣れる練習をしましょう。

> 決まり表現をスラスラ言えるようになろう！

最初の基本的な応対表現

1. Hello, this is ABC Trading. Risa Tanaka **speaking**.

2. How can I **help** you?（canでもmayでもOKです）

3. **May I ask** who is calling?
   注意）Who is this? や Who is speaking? はぶっきらぼうで無礼なので×です。

4. **This is** David White **speaking, from** Ace Medical Device Company.

電話をつないでもらう依頼表現

5. **May I speak with** Ms. Chieko Mori in the **overseas sales department**?

6. May I speak with **someone who handles overseas sales**?
   参考）担当者の名前がわからない場合の便利な表現です。

7. Could you **put** me **through to** Ms. Mori?
   参考）依頼文でCouldとWouldは使用頻度が高く入れ替え可能。Canはカジュアル。

8. Please **connect** me **to** Ms. Mori, **extension** 6435.

> **英語で言ってみよう！**

> 電話をつなげる場合の応答表現

9. その件に関しましては海外販売部におつなぎします。（connect A to B）

10. そのままお待ちください。（hold on）

11. お電話を担当者に転送いたします。
（transfer one's call to B / person in charge）

12. 森さん、デヴィッド・ホワイト氏から内線番号2にお電話が入っています。
（on line 2）

13. 彼（ホワイト氏）におつなぎします。（put A through to B）

14. もしもし、森知恵子です。（speaking）

> 電話をつなげない場合の応答表現

15. 彼女は他の電話に出ております。（on another line）

16. 彼女はただ今、席をはずしております。（be not in / at the moment）

17. 彼女はただ今電話に出られません。（available / right now）

18. 彼女が戻りましたら、折り返しお電話させましょうか？
（Shall I have ＋目的語＋動詞の原形）

| 決まり表現をスラスラ言えるようになろう！ |

電話をつなげる場合の応答表現

9. In that case I'll **connect** you **to** the overseas sales department.

10. Please **hold on** a moment.
    注意）電話を取り次ぐ場合の頻度が高く丁寧な表現です。hang on はカジュアルな表現なのでビジネス場面では×です。

11. I'll **transfer your call to** the **person in charge**.

12. Ms. Mori, you have a call from Mr. David White **on line 2**.
    参考）line 2 と extension 2 は同じです。

13. I'll **put** him（Mr. White）**through to** you.

14. Hello, this is Chieko Mori **speaking**.
    注意）電話で名乗る場合、I'm ～は不自然です。

電話をつなげない場合の応答表現

15. I'm afraid she's **on another line** right now.
    参考）I'm afraid を入れることで丁寧になります。

16. I'm afraid she**'s not in at the moment**.

17. I'm afraid she isn't **available right now**.
    参考）available は応用範囲が広いです。

18. **Shall I have** her call you back when she returns?
    注意）Shall I make ～？は強制的で無礼に聞こえるので×です。

英語で言ってみよう！

19. 彼女は折り返し電話をすると申しております。（return your call）

20. 彼女に、お電話をいただきましたことをお伝えします。（tell）

21. いつ（彼女は）お戻りになられますか？（expect 人 back）

22. 申し訳ございませんが、5時まで戻ってまいりません。
（won't be back until 〜）

伝言に関する表現

23. ご伝言を承りましょうか？（take a message）

24. ご伝言を残されますか？（leave a message）

25. 伝言をお願いできますか？（Can I ＋ 動詞の原形？）

携帯電話に連絡する場合の表現

26. ありがとう、だけど彼の携帯電話に連絡します。
（reach ＋ 目的語 ＋ on ＋ one's mobile phone）

27. 携帯に電話をするように、彼にお願いしてくださいませんか？
（Could you ask ＋ 目的語 ＋ to ＋ 動詞の原形？）

電話が聞き取りにくい場合・情報確認の表現

28. 恐れ入りますが、お電話が遠いのですが。（can't hear you）

CD1−Track 3

> 決まり表現をスラスラ言えるようになろう！

19. She says she will **return your call**.
    参考) call you back でも OK です。

20. I'll **tell** her that you called.
    注意) inform「報告する」、notify「通知する」は大げさなので×です。

21. When do you **expect** her **back**?

22. I'm sorry, but she **won't be back until** 5.
    参考) I'm sorry, but she will be back at 5. より申し訳ない気持ちが強いです。

伝言に関する表現

23. Could I **take a message**?
    注意) your message とすると下品になるので×です。

24. Would you like to **leave a message**?
    注意) take a message は「メッセージを受ける」、leave a message は「メッセージを残す」を言い間違えないように。

25. **Can I** leave a message?

携帯電話に連絡する場合の表現

26. Thanks, but I can **reach** him **on his mobile phone**.

27. **Could you ask** him **to** call me on my cell phone?

電話が聞き取りにくい場合・情報確認の表現

28. I'm sorry, but I **can't hear you**.
    注意) I can't listen to you. は「あなたの話は聞いていられない」の意味になるので×です。

1・会社で使う英語

> 英語で言ってみよう！

29. もう一度、繰り返してくださいませんか？（Could you ＋動詞の原形？）

30. もう少し大きな声で話してくださいませんか？（speak up a little）

31. お名前のつづりを教えてくださいますか？（How）

32. お電話番号とお名前を復唱させていただきます。（let me repeat）

電話の用件を伝える4つの重要表現

33. アポの確認をするために、お電話を差し上げています。
（I'm calling to ～ . の ～に電話の用件を入れる）

34. 打ち合わせの場所と時刻の変更の件で、お電話をしています。
（I'm calling about ～ . の～に用件を入れる）

35. 空港まで車で迎えに来ていただきたいので、お電話しています。
（I'm calling because ～ . の～で電話の用件を伝える / pick ＋目的語＋ up）

36. ミーティングに15分遅れることを知らせるために、お電話を差し上げています。
（I'm calling to let you know ～ . の～に電話の用件を入れる）

電話をかけなおす場合の表現

37. 急な仕事がたった今入りました。
（something / come up）

38. 後ほどお電話します。
（get back to you）

CD1-Track 4

> 決まり表現をスラスラ言えるようになろう！

29. **Could you** repeat that?

30. Could you **speak up a little**, please?
    注意) loudly は「騒がしく」を意味するので×です。
    参考) You're loud. は「あなたは、やかましい」を意味します。

31. **How** do you spell your name?
    注意) What's を使うなら What's the spelling of your name?
    What's your spelling? は「あなたの呪文は何？」の意味になるので×です。

32. **Let me repeat** your name and phone number.

> 電話の用件を伝える4つの重要表現

33. **I'm calling to** confirm an appointment.

34. **I'm calling about** the change of the meeting place and time.

35. **I'm calling because** I'd like you to **pick** me **up** at the airport.

36. **I'm calling to let you know** that I'll be 15 minutes late for the meeting.

> 電話をかけなおす場合の表現

37. **Something** has just **come up**.
    重要) 急な用事が入った時の表現です。幅広く応用できます。
    Something が「急な用事」を意味することをしっかり覚えましょう。

38. I'll **get back to you** later.
    重要) get back to you は、人に改めて連絡する時に使える応用範囲の広い便利な表現です。この場合は call you back と同じです。

> 英語で言ってみよう！

39. 充電が切れそうです。すぐにかけなおさせてください。（dead）

40. 携帯からかけているのですが、電波が悪いです。（reception / poor）

41. 5分ほど後に、固定電話からかけなおします。
（on a land line / or so）

> 電話を切る時の表現

42. お電話、ありがとうございます。彼女にメッセージをお伝えします。
（give ＋ 目的語 ＋ the message）

43. お話しすることができてよかったです。（nice talking to you）

> 決まり表現をスラスラ言えるようになろう！

39. My battery is almost **dead**. Let me call you back soon.
　　参考）My battery is low と同じ意味です。

40. I'm calling from a mobile phone, but the **reception** is **poor**.

41. I'll call you back **on a land line** in five minutes **or so**.
　　注意）in〜「〜後に」の代わりに after は×です。
　　参考）within〜「〜以内に」を意味します。

> 電話を切る時の表現

42. Thank you for calling. I'll **give** her **the message**.

43. It was **nice talking to you**.
　　重要）自分から電話をかけ、用件を済ませて切る場合の表現です。

CD1-Track 6

ビジネス場面実況中継

アメリカ人顧客が電話を転送してもらって、遅れることを伝える場面です。

電話交換手：① <u>Hello, this is ABC Trading. Risa Tanaka speaking.</u>
　　　　　　② How can I help you?
米国人顧客：Hello. ④ <u>This is David White speaking, from Ace Medical Device Company.</u>
　　　　　　⑤ <u>May I speak with Ms. Chieko Mori in the overseas sales department?</u>
電話交換手：⑩ <u>Please hold on a moment.</u> ⑪ <u>I'll transfer your call to her.</u>

営業担当森：⑭ <u>Hello, this is Chieko Mori speaking.</u>
電話交換手：⑫ <u>Ms. Mori, you have a call from Mr. David White on line 2.</u>
　　　　　　⑬ I'll put him through to you.

········ after a while ········

営業担当森：⑭ <u>Hello, this is Chieko Mori speaking.</u>
米国人顧客：Hello, this is David. ㊱ <u>I'm calling to let you know that I'll be 15 minutes late for the meeting.</u> I'm in a taxi right now.
　　　　　　I'm really sorry, but I was caught in traffic.
営業担当森：No problem. Traffic can sometimes be bad on Monday mornings.
　　　　　　㊷ <u>Thank you for calling.</u>

重要語句をチェック！

☐ hold on　電話を切らないで待つ
☐ put A through to B　AをBにつなぐ
☐ be caught in traffic　交通渋滞に巻き込まれる

日本語訳

電話交換手：①もしもし、こちらABC商事の田中リサでございます。②ご用件をお伺いします。
米国人顧客：もしもし、④Ace医療機器会社のデヴィッド・ホワイトです。⑤海外営業部の森知恵子さんをお願いします。
電話交換手：⑩そのままお待ちください。⑪お電話を転送いたします。

営業担当森：⑭もしもし、森知恵子です。
電話交換手：⑫森さん、デヴィッド・ホワイト氏から内線番号2にお電話が入っています。
⑬ホワイト氏におつなぎします。

------ しばらくして ------

営業担当森：⑭もしもし、森知恵子でございます。
米国人顧客：もしもし、デヴィッドです。㊱ミーティングに15分遅れることをお知らせするためにお電話を差し上げています。今、タクシーの中です。残念なことに、交通渋滞に巻き込まれてしまいました。
営業担当森：承知しました（問題ないですよ）。月曜日の朝は交通状況が悪いこともありますから。㊷お電話、ありがとうございます。

ビジネス英語講座実況中継

先生：電話のChapterで何か質問はありますか？
生徒：電話での会話が苦手なので、とても役立ちます。ところでI'll put you through to A、I'll transfer your call to A、I'll connect you to A は「Aにおつなぎします」ですが、意味は同じですか？ put you through to ～が一番言いにくいのですが。
先生：意味は同じです。練習してput you through toも言えるようになりましょう。
　　　それでは 電話の用件を伝える決まり表現の確認 をしましょう。
　　　ダイアローグにはI'm calling to let you know ～「～をお伝えするために、お電話を差し上げています」を出しました。

33. **I'm calling to** 〜．34. **I'm calling about** 〜．35. **I'm calling because** 〜．36. **I'm calling to let you know** 〜を必ず使いこなせるようになりましょう。

生徒：はい！ ところで I'm calling to let you know 〜「〜をお知らせするために」の let の部分は have や make には言い換えられないのでしょうか？

先生：言い換えはできません。決まり表現18の Shall I **have** her call you back when she returns? の have も make や let に入れ替えられません。 使役動詞 make、have、let の違い を説明しましょう。ノートに書いてください。

make「本人の意思には関係なく〜させる」 強制の意味が強い。
have「〜してもらう・〜にさせる」 依頼の意味 が強い。
let「本人の希望に応じて〜させる・〜させてあげる」 許可の意味が強い。

生徒：これで、いろいろとわかりました！ Let me know.「知らせてくださいね」、Let me see.「え〜っと、考えさせてください」、Let me introduce myself.「自己紹介させてください」など、let を使って許可を求めているんですね。

先生：その通りです！ 人に何かを頼んでやってもらう場合は、強制の意味の強い make を使ってはいけません。気をつけましょう。

生徒：はい！ 強制は無礼ですよね！ 気をつけます！

先生：日本人が間違いやすい表現 **I'm afraid we'll just have to let you go.** を訳してください。

生徒：「申し訳ないのですが、あなたに行ってもらわなければならないでしょう」ですか？

先生：残念ながら誤訳です。**「申し訳ないですが、会社を辞めてもらうしかないですね」**を意味します。

生徒：それでは let の持つ「許可」の意味が薄れるのではないでしょうか？

先生：この場合も、皮肉っぽいですが「許可」の意味を持ちます。

生徒：なるほど！ ところで、電話がかかってきて相手が不在で理由を聞かれた場合の応答例を教えてください。

先生：では、次の例文を覚えてください。

> ① He is in a meeting. 「彼は会議中です」
> ② He is taking a day off today. 「彼は休暇をいただいております」
> ③ He is out of the office. 「彼は外出中です」
> ④ He has left the office. 「彼は会社を出ました」

③と④は 冠詞の有無で意味が変わる表現 なので注意しましょう！

冠詞がない場合の③″と④″を見ましょう。ノートに書いてください。

> ③″ He is out of office. 「彼は政権の座にいません」
> ④″ He has left office. 「彼は公職を退きました」

生徒：驚きです！ office の前の the がないと意味が変わり、政権の座にいなかったり、公職を退いたことになるのですね。誤解が生じますね。会社を辞めた場合は He quit his job.「彼は仕事を辞めました」と言えばよいのですか？

先生：直接的な表現よりも、He no longer works here.「彼は、こちらではもう勤務しておりません」の方がビジネスの場面では適切です。

生徒：そういえば、日本語で考えた場合もその方がビジネスらしいですね。

先生： 「本日は会社を退社しました」を明確に示す表現 を覚えましょう。

> 日本語：彼女は、会社の業務を終えて本日は退社いたしました。
> 英 語：She has left the office for the day.

生徒：**for the day** がポイントなのですね！

先生：**for the day** は「本日のところは」の意味があります。だから、営業時間が終わった場合にも使用できます。他の例も挙げてみましょう。

> 日本語：その本屋さんの本日の営業時間は終わっていました。
> 英 語：The bookstore was closed for the day.

生徒：なるほど。for the day を使うと明確になりますね。
先生：次に 日本人が間違いやすい表現 call と reach の違い について説明しますね。reach は緊急の場合には使えません。それでは例を見ましょう。緊急の場合は call を使いましょう。

日本語：できるだけ早くお話しさせていただきたいので、私の携帯電話234-1523にご連絡ください。

英　語：I'd like to talk as soon as possible, so please call me on my mobile phone at 234-1523.

先生：上記の文の場合は I'd like to talk as soon as possible（できるだけ早くお話しさせていただきたいので）があるので reach を使わないでくださいね。
生徒：はい。緊急の場合は reach を使わないように注意します。それではどのような場合に reach を使うのですか？
先生：下記のような 休暇中の自動応答による音声メッセージ です。

You've **reached** Japan Trading. We will be closed from December 28 to January 5 for the winter vacation.
Please leave a message after the tone.
(Japan Trading につながりました。12月28日から1月5日までは冬期休暇のためお休みさせていただきます。御用の方はトーンの後にメッセージを残してください)

生徒：ありがとうございました。上記の音声メッセージの会社名を入れ替えて使います。
先生：次に カスタマーサービスが話し中の自動応答メッセージ です。

> You've reached the ABC Electronics Customer Service. All the lines are busy at the moment. If you wait, your call will automatically be put through to a customer service representative as soon as one becomes available.
> If you are busy, please call us again later.
>
> ABC Electronics Customer Service につながりました。ただ今、すべてのラインは話し中です。お待ちいただければ（カスタマーサービス）係員が電話を終え次第おつなぎいたします。お忙しい方は後ほどおかけなおしください。

生徒：customer service representative は customer service の部長を意味するのかと思っていましたが、担当者なのですね？

先生：**representative の意味** について少しお話ししましょう。
　　　customer service representative は「顧客サービス担当者」を意味します。
　　　representative はこの場合は名詞で「代表者」を意味します。各担当者が customer service を代表しているのです。他にも sales representative「販売担当者・セールスパーソン」もしっかり覚えましょう。

生徒：はい！

先生：これで Chapter 1-1 電話の応対は終了です。この他にも 1-9、2-1、2-2、4-1、4-3、4-4 のビジネス場面実況中継でも電話での場面を取り入れていますので、しっかり復習しましょうね。

Chapter 1-2
受付での応対方法

重要表現※かっこの中の表現を使って、英語で練習しましょう。

英語で言ってみよう！

来客の表現①

1. おはようございます。ACE 医療機器会社のデヴィッド・ホワイトでございます。(from)

2. 海外営業部の森さんにお会いしたいのですが。（I'd like to see）

受付係の表現①

3. 森とお約束はされていますか？（have an appointment with ＋ 人）

4. 彼女（森）とお約束はされていますか？（expect ＋ 人）

5. 森がお待ちしています。（expect）

来客の表現②

6. 海外営業部の彼女（森さん）に11時にアポを取っています。
　（have an appointment with ＋ 人）

7. アポはしていません。こちらが、私の名刺です。（Here's 〜 .）

受付係の表現②

8. ここにお名前を記帳してくださいませんか？
　（Would you please ＋ 動詞の原形 / sign in 〜）

9. お客様（あなた）がいらっしゃっていることを彼女（森）に連絡いたします。（tell）

10. 担当者はすぐにこちらにまいります。（will be here soon）

会社の受付で必要な英語の表現です。日本国内でも海外でも会社の受付での会話は必要なのでしっかり身につけましょう。

> 決まり表現をスラスラ言えるようになろう！

来客の表現①

1. Good morning. <u>My name is David White</u> **from** ACE Medical Device Company.

2. **I'd like to see** Ms. Mori in the overseas sales department.
   注意）would like to は want の丁寧な言い方。

受付係の表現①

3. Do you **have an appointment with** her?
   参考）美容院・歯医者の予約は appointment / ホテル・飛行機・チケット・旅行の予約は reservation です。

4. <u>Is she (Ms. Mori) **expecting** you?</u>

5. Ms. Mori is **expecting** you.
   注意）you を抜かせば「Ms. Mori が妊娠している」の意味になります。

来客の表現②

6. **I have an appointment with** her (Ms. Mori) in the overseas sales department at 11.

7. I don't have an appointment. **Here's** my business card.

受付係の表現②

8. **Would you please sign in** here?
   注意）check in はホテルや飛行機の手続きで使うので×です。

9. I'll **tell** her you're here.
   注意）inform「報告する」、notify「通知する」は大げさなので×です。

10. The person in charge **will be here soon**.

> 英語で言ってみよう！

応接室へ案内する場合の来客との基本応答例

11. 応接室へお連れいたします。こちらへいらしてください。
（show ＋ 人 ＋ to ＋ 場所 / reception room）

12. こちらへどうぞ。どうぞおかけください。（take a seat または have a seat）

13. 何かお飲み物はいかがですか？　コーヒー、紅茶、ジュースがございます。
（something to drink）

14. クリームと砂糖の入ったコーヒーをお願いします。（with cream and sugar）

15. ブラックコーヒーがいただきたいです。（black coffee）

来客への案内の基本表現

16. この来客バッジを着けていてください。
（Would you please ＋ 動詞の原形？）

17. このセキュリティカードを（ドアの）読み取り機に差し込んでください。
（insert A into B / card reader）

18. 6階までエレベーターで行ってください。（go up to ～）

19. エレベーターは廊下の突き当たりです。（at the end of the hallway）

20. 海外営業部は企画部の隣です。（next to ～ / planning department）

> 決まり表現をスラスラ言えるようになろう！

> 応接室へ案内する場合の来客との基本応答例

11. Let me **show** you **to** the **reception room**. Please follow me.

12. This way, please. <u>Please **take a seat**</u>.
    注意）顧客に対して sit down、be seated は失礼になります。

13. Would you like **something to drink**? We have coffee, tea, and juice.

14. Coffee **with cream and sugar,** please.

15. I'd like **black coffee**.
    参考）濃いコーヒーは strong coffee。thick coffee は×。薄いコーヒーは weak coffee。thin coffee は×。thick soup、thin soup は OK です。

> 来客への案内の基本表現

16. **Would you please** wear this visitor's badge?
    参考）wear は状態、put on は動作を示します。

17. Please **insert** this security card **into** the **card reader**.

18. Please **go up to** the 6th floor by the elevator.

19. The elevator is **at the end of the hallway**.
    参考）aisle は劇場、航空機など両側が椅子になっている「通路」に使われます。corridor はホテルやオフィスなどの建物の両側が部屋になっている「通路」。hallway は玄関に通じる「通路」。

20. The overseas sales department is **next to** the **planning department**.
    注意）overseas の s を付け忘れないようにしましょう。

ビジネス場面実況中継

受付で訪問者デヴィッド氏が森氏とアポをしていることを告げて、面会を求めている場面です。

受付係：Good morning. How may I help you?
訪問者：① <u>My name is David White from Ace Medical Device Company.</u>
② <u>I'd like to see Ms. Mori in the overseas sales department.</u>
受付係：④ <u>Is she expecting you?</u>
訪問者：⑥ <u>I have an appointment with her at 11.</u>
受付係：Let me check the computer calendar. OK. Your name is listed.
⑨ <u>I'll tell her you're here.</u> ⑧ <u>Would you please sign in here?</u>
訪問者：Sure.
受付係：Thank you. ⑫ <u>Please take a seat</u> while I call her. Ms. Mori ⑩ <u>will be here soon.</u>

重要語句をチェック！

- overseas sales department　海外販売事業部
- sign in 〜　〜に記帳する

日本語訳

受付係：おはようございます。どういったご用件でしょうか？
訪問者：① Ace 医療機器会社のデヴィッド・ホワイトでございます。
　　　　②海外営業部の森さんにお会いしたいのですが。
受付係：④彼女（森）とお約束はされていますか？
訪問者：⑥彼女に 11 時にアポを取っています。
受付係：コンピュータカレンダーをチェックさせてください。はい。お名前がリストされています。⑨お客様がいらっしゃっていることを彼女（森）に連絡いたします。⑧ここにお名前を記帳してくださいませんか？
訪問者：はい。
受付係：ありがとうございます。お呼びしますので、⑫どうぞおかけください。森が⑩すぐにこちらにまいります。

ビジネス英語講座実況中継

先生：Is she expecting you? は Do you have an appointment with her? と同じ意味です。expect はよく使う表現です。日本人が間違いやすい表現をノートに書いてください。
　① I have been expecting you.
　「あなたをお待ちしていたのですが、来てくださってよかったです」
　② I have been waiting for you.
　「遅れているあなたを、ずっと待っていたのですよ」
　この場合は①の方が丁寧です。②は目上の人に使うべきではありません。

生徒：勉強になります！　決まり表現12注意）にありますが、Please take a seat. や Please have a seat. は OK で、なぜ Please sit down. Please be seated. は不適切なのですか？

先生：これも 日本人が間違いやすい表現 です。ノートに書いてください。
　① Please sit down.　命令口調で先生が生徒に使う表現なのです。
　② Please be seated.　社長が講演で聴衆に向かって話す時や格式ばった面接で試験官が使ったり、法廷で裁判官が使う口調なのです。

Chapter 1-3
初対面での自己紹介の方法

重要表現※かっこの中の表現を使って、英語で練習しましょう。

> 英語で言ってみよう！

初対面でのあいさつの表現

1. デヴィッド・ホワイトさんでいらっしゃいますね。(must be / presume)

2. はじめまして。(meet)

3. お会いできて、とてもうれしいです。(pleasure)

4. こちらこそ、とてもうれしいです。(The pleasure)

5. お目にかかれて光栄です。(It's an honor to ＋ 動詞の原形)

6. お噂はかねがね伺っております。(I've heard about ～)

7. 一度お目にかかりたいと思っておりました。
   (I've always wanted to ＋ 動詞の原形)

8. 弊社のエンジニアの（1人）ジョージ・コリンズをご紹介させていただきます。
   (I'd like you to meet ＋ 人)

9. お待たせして申し訳ございません。(keep you waiting)

10. 場所はすぐにおわかりになりましたか？(have trouble ＋ ～ ing / find)

初対面の人とのあいさつはとても大切です。英語に自信がない場合は、「英語を母国語として話す人のように速く理解できません。気長にご協力をお願いします。**I can't understand English as quickly as native speakers. I'd appreciate your patience with this.**」と最初に言いましょう。旅行や天気の話は無難です。自己紹介と初対面、別れ際のあいさつについて学びましょう。

> 決まり表現をスラスラ言えるようになろう！

> 初対面でのあいさつの表現

1. You **must be** Mr. David White, I **presume**.
   参考）I presume を入れると少しフォーマルです。

2. Nice to **meet** you.
   注意）Nice meeting you は別れ際、Nice to see you は2度目以降に使う。

3. It's a great **pleasure** to meet you.
   注意）上司・同僚・顧客に対して使いますが、重役には使いません。

4. **The pleasure** is mine.　参考）お礼を言う時の返答としても使えます。

5. **It's an honor to** meet you.　注意）重役などに使います。

6. **I've heard** a lot **about** you.　参考）相手との距離を短くするために言います。
   注意）I've heard the rumors about you. は×です。大変な噂が先に立ってしまっているように聞こえるので×です。

7. **I've always wanted to** meet you.　参考）相手がうれしくなる表現。
   参考）I've been looking forward to meeting you. と同様、現在完了形で使う。

8. **I'd like you to meet** George Collins, one of our engineers.
   参考）I'd like to introduce A to you の方がフォーマルです。

9. I'm sorry to have **kept you waiting**.

10. Did you **have trouble finding** this place?
    注意）Did you easily find this place? は日本語的発想英語なので△です。

英語で言ってみよう！

初対面のスモールトークの表現

11. フライトはいかがでしたか？（How）

12. フライトは良かったですが、まだ少し時差ぼけしています。(jet lag)

13. あなたのお国では、この季節の気候はどんな感じですか？
（What's A like?）

14. 仕事はお好きですか？（How do you like ～ ?）

15. 私たちは共通点がありそうですね。（have something in common）

簡単な自己紹介の表現

16. 自己紹介させていただきます。私の名前は林弘です。略してヒロと呼んでください。(I'd like to / call A + B for short)

17. 私はマーケティング部の係長です。（assistant manager）

18. 私は5年間、品質管理部の責任者をしております。(be in charge of ～)

19. 私は東京本社に移動になったばかりです。(be transferred to ～)

20. マーケティングでの経験は、海外事業部でとても役立つと確信しております。
（help a lot）

21. 私は商学を専攻しました。(major in ～)

決まり表現をスラスラ言えるようになろう！

初対面のスモールトークの表現

11. **How** was your flight?
    参考）How was your trip? も日本に到着したばかりの人によく使います。

12. It was a nice flight, but I still have **jet lag**.
    参考）jet lag は不可算形です。

13. **What's** the weather **like** at this time of the year in your country?
    重要）What's he like? は「彼はどんな人ですか？」など広範囲に応用可。

14. **How do you like** your job?
    重要）How do you like Japan? など広範囲に応用可。

15. We seem to **have something in common**.
    重要）共通点を見出すと親近感が生まれ、仕事が順調に進みます。

簡単な自己紹介の表現

16. **I'd like to** introduce myself. My name is Hiroshi Hayashi. Please **call** me Hiro **for short**.

17. I'm the **assistant manager** of the marketing department.

18. I've **been in charge of** the quality control department for five years.

19. I've just **been transferred to** Tokyo head office.

20. My experience in marketing will **help a lot** in the overseas business department.

21. I **majored in** commercial science.

英語で言ってみよう！

22. 私は営業部に所属し、現在ベトナムの連絡窓口（担当）もしています。
（contact person for 〜）

23. 私は良い人脈があり、仕事の方法を熟知しておりますので、必ず売上を伸ばせると思います。（have good contacts and methods）

24. Sydney Travel に入社できて、とてもわくわくしています。
（be excited about / joining + 会社名）　決まり表現25〜28は新入社員の自己紹介です。

25. これは私にとっては新しい挑戦ですが、最大限の努力をします。
（challenge / make the utmost effort）

26. 会社の成功に貢献できるように、がんばりたいと思います。（contribute to 〜）

27. まだ学んでいる最中ですが、私は学ぶのが速いです。（learn the ropes）

取引先に対する感謝の表現

28. 本日は、私たちとのミーティングのお時間をお取りくださり、ありがとうございます。（take the time to 〜）

29. 日本商事にお越しくださり、ありがとうございます。（come all the way to 〜）

取引先と別れる際の表現

30. 車を外に待たせてあります。（have + 目的語 + waiting）

31. お仕事を一緒にできてよかったです。（work with you）

32. ワックス氏にどうぞよろしくお伝えください。
（give my best regards to + 人）

| 決まり表現をスラスラ言えるようになろう！

22. I work in the sales department, and now I'm also the **contact person for** Vietnam.

23. I **have** good **contacts and methods**, so I'm sure I can increase sales.

24. I'**m excited about joining** Sydney Travel.

25. This is a new **challenge** for me, but I'll **make the utmost effort**.
    注意）real challenge は「難題」を意味するので×です。

26. I hope to **contribute to** the company's success.
    参考）面接でも使えます。

27. I'm still **learning the ropes**, but I'm a quick learner.
    参考）show one the ropes、teach one the ropes、know the ropes も覚えましょう。the ropes「仕事のやりかた」は船乗りとして必ず覚えなければならないロープの結び方に由来します。

| 取引先に対する感謝の表現 |

28. Thank you very much for **taking the time to** meet us today.
    注意）taking your time「ゆっくりする」と間違えて使わないように。

29. Thank you very much for **coming all the way to** Japan Trading.

| 取引先と別れる際の表現 |

30. I **have** a car **waiting** outside.　参考）決まり表現9を参照しましょう。

31. It's been so nice **working with you**.

32. Please **give my best regards to** Mr. Wax.
    参考）say hello to ＋人はカジュアルなのでビジネスらしくないです。

ビジネス場面実況中継

初対面の会話。受付に知恵子が来てホワイト氏とその部下コリンズ氏にあいさつをしている場面です。

知恵子： Hello, ① <u>You must be Mr. David White.</u> I'm Chieko Mori. ② <u>Nice to meet you.</u> ⑯ <u>Please call</u> me Chie <u>for short.</u> ⑥ <u>I've heard a lot about you.</u>

デヴィッド： ② <u>Nice to meet you</u> too. I've been looking forward to meeting you. ㉘ <u>Thank you very much for taking the time to meet us.</u> ⑧ <u>I'd like you to meet George Collins, one of our engineers.</u>

ジョージ： ③ <u>It's a great pleasure to meet you,</u> Chie.

知恵子： ④ <u>The pleasure is mine.</u> You must be tired after getting stuck in that traffic jam.

ジョージ： No, I'm fine. This is my first visit to Japan. It's exciting.

知恵子： I'm relieved to hear that. By the way, ⑪ <u>how was your flight?</u>

ジョージ： It was long, but I had a chance to watch a few movies. I'm a big movie fan.

知恵子： So am I. ⑮ <u>We seem to have something in common.</u> OK, let me show you to our meeting room. Please come this way.

重要語句をチェック！

- get stuck　動けなくなる
- traffic jam　交通渋滞
- have something in common　何か共通点を持つ

日本語訳

知恵子： こんにちは。①デヴィッド・ホワイトさんでいらっしゃいますね。森知恵子です。②はじめまして。⑯略して知恵と呼んでください。⑥お噂はかねがね伺っております。

デヴィッド：②はじめまして。ずっとお会いしたいと思っていました。㉘私たちとのミーティングのお時間をお取りくださり、ありがとうございます。⑧弊社のエンジニアの（一人）ジョージ・コリンズをご紹介させていただきます。

ジョージ： 知恵、③お会いできて、とてもうれしいです。

知恵子： ④こちらこそ、とてもうれしいです。交通渋滞に巻き込まれてお疲れでしょう。

ジョージ： いいえ。大丈夫です。日本訪問は初めてです。わくわくしています。

知恵子： それを聞いて安心しました。ところで、⑪フライトはいかがでしたか？

ジョージ： 長いフライトでしたが、映画を数本見ました。映画ファンなので。

知恵子： 私もです。⑮私たちは共通点がありそうですね。それでは会議室にご案内しましょう。どうぞこちらへお越しください。

1・会社で使う英語

ビジネス英語講座実況中継

先生： 日本人が間違いやすい表現 3つのあいさつの表現を覚えましょう。
　　① Nice to meet you. 「はじめまして」
　　② Nice meeting you. 「お会いできてよかったです」
　　　初対面の人との会話を終わらせる時の表現です。
　　③ Nice to see you again. 「お会いできてうれしいです」（初対面でない人には see を使う）

生徒：①と③の違いを初めて知りました。初対面の人には meet、２度目の人には see を使うのですね！

先生： 日本人が間違いやすい表現 を覚えましょう。
　　① Thank you very much for taking the time to meet us.
　　　「お会いする時間をとってくださって、ありがとうございます」
　　② Take your time. 「ゆっくりしてください」

Chapter 1-4
経費（出張旅費 etc）申請方法

重要表現※かっこの中の表現を使って、英語で練習しましょう。

> 英語で言ってみよう！

> 経費（出張旅費）の事前申請のやりとり基本表現

1. 出張で名古屋に行かなければなりません。（on business）

2. どのようにしたら出張旅費の申請ができますか？
   （apply for ～ / travel expenses）

3. 出張旅費申請書に記入してください。（fill in ～）

4. 出張旅費申請の締め切りは11時です。（deadline for ～ / apply for ～）

5. 今、11時15分です。仮払い申請書に記入して経理部に提出してください。
   （fill in the cash advance form）

6. 私は旅費規程がわかりません。（travel policy）

7. 宿泊費用は1泊につき1万円です。（accommodation allowance）

8. これが宿泊費用の範囲で泊まれるホテルのリストです。
   （Here's a list of ～ / within）

見積もりや請求書などの対外的なものも、もちろん非常に大切ですが、まずは、社内でのお金のやりとり、経理部での「出金」ができるようになりましょう。

決まり表現をスラスラ言えるようになろう！

経費（出張旅費）の事前申請のやりとり基本表現

1. I have to go to Nagoya **on business**.

2. How can I **apply for travel expenses**?
   重要）How can I apply for 〜　〜を入れ替えて応用範囲が広いです。
   参考）「雑費」は miscellaneous expenses、「交際費」は entertainment expenses なども覚えましょう。

3. Please **fill in** the business travel expense form.

4. The **deadline for applying for** travel expenses is 11 o'clock.
   重要）The deadline is 〜で幅広く応用可能です。

5. It's 11:15 now. Please **fill in the cash advance form** and turn it in to the accounting department.

6. I don't know about the **travel policy**.

7. The **accommodation allowance** is ¥10,000 a day.

8. **Here's a list of** hotels where you can stay **within** the accommodation allowance.

英語で言ってみよう！

9. あなたは会社の認可ホテルにのみ泊まれます。
（company-accredited hotel）

10. 1万円以上のホテルに泊まったらどうなりますか？
（What if + 主語 + 動詞 / over）

11. 会社は差額を持ちません。（cover the difference）

12. あなたは追加料金を支払わなければなりません。（additional charges）

経費払い戻しの申請の表現

13. どのようにしたらタクシー代を払い戻していただけますか？
（get reimbursed for 〜）

14. 領収書をこの伝票に添付してください。（attach A to B）

15. この伝票に領収明細書を添付してください。（itemized receipt）

16. 11時までに（それを）提出したら、午後2時以降に払戻金を受け取れます。
（turn in 〜 / reimbursement）

17. 領収書をもらうのを忘れました。（forget to + 動詞の原形）

18. 領収書がなければ経費を請求できません。（claim the expense）

| 決まり表現をスラスラ言えるようになろう！ |

9. You can only stay at **company-accredited hotels**.

10. **What if** I stay at a hotel which is **over** ¥10,000?
    重要）「What if ＋主語＋動詞」は便利なビジネス頻出表現です。

11. The company won't **cover the difference**.

12. You have to pay any **additional charges**.

| 経費払い戻しの申請の表現 |

13. How can I <u>**get reimbursed for**</u> a taxi fare?
    参考）会話では get reimbursed は社内での払い戻し、get refunded は顧客と会社との間の商品や切符などの払い戻しの場合に使います。

14. Please <u>**attach** the receipt **to**</u> this form.

15. Please attach the **itemized receipt** to this form.
    参考）itemized の動詞は itemize、名詞は item です。

16. If you **turn** it **in** by 11, you'll receive the **reimbursement** after 2 p.m.

17. I <u>**forgot to**</u> get a receipt.

18. Without a receipt, <u>you can't **claim** the expense</u>.

CD1-Track 16

ビジネス場面実況中継

経理申請方法。 新入社員のキャッシー・スミスが経理で転勤旅費の払い戻しをしている場面です。「決まり表現」で覚えた get reimbursed、reimbursement、claim が登場します。聞き取れるでしょうか？ そして言えるでしょうか？

新人： Hi, my name is Cathy Smith. ⑬<u>How can I get reimbursed for</u> the moving fee for my move from Osaka to Tokyo?

経理係： ③<u>Please fill in</u> this form and ⑭<u>attach the receipt</u> from the moving company to it.

新人： What time can I get paid back?

経理係： ⑯<u>If you turn it in by 11, you'll receive the reimbursement after 2 p.m.</u>

新人： I'd like to ⑬<u>get reimbursed for a taxi fare,</u> but ⑰<u>I forgot to get a receipt.</u>

経理係： According to the company regulations, ⑱<u>you can't claim</u> it without a receipt. Here are the company regulations. Please read them carefully.

重要語句をチェック！

☐ get reimbursed for ～　～を払い戻してもらう
☐ moving fee　引っ越し費用
☐ fill in ～　～に記入する
☐ attach ～　～を添付する
☐ moving company　引っ越し会社
☐ turn in ～　～を提出する
☐ reimbursement　払い戻し
☐ claim　請求する

日本語訳

新人： はじめまして、キャッシー・スミスです。⑬どのようにしたら大阪から東京への引っ越し費用を払い戻していただけますか？
経理係：③この申請書に記入して、運送会社からの⑭領収書を（それに）添付してください。
新人： 何時に払い戻していただけますか？
経理係：⑯11時までに提出すれば、午後2時以降に払戻金を受け取れます。
新人： ⑬タクシー代の払い戻しをしていただきたいのですが。⑰領収書をもらうのを忘れました。
経理係：社内規定により、領収書がなければ⑱請求できません。これが会社の規定です。じっくり読んでください。

ビジネス英語講座実況中継

先生：経費申請の英語はよくわかりましたか？
生徒：ダイアローグでは「払い戻してもらう」に get reimbursed と get paid back が使われていますが、どのように違うんですか？
先生：get paid back の方が口語的です。イディオムの方が口語的なのです。
生徒：ところで先生、質問です！ 決まり表現13の注意）に reimbursed と refunded は入れ替え不可と書かれていますが、具体例をもう少し教えてください。
先生：それでは **reimburse と refund の違い** の具体例を比べてみましょう。reimbursed は社内で使います。

例： 日本語：交通費は後で払い戻せます。
　　英　語：You'll be reimbursed for travel expenses later.

get refunded は顧客と会社での間の商品や切符などの払い戻しの場合に使います。つまり、何か購入したが不良品である場合や不要な場合に使います。

> 例： 日本語：航空券の払い戻しをしていただきたいのです。
> 英　語：I'd like to get my airfare refunded.

生徒：reimburse は「個人が立て替えたお金を会社が払い戻す場合」、refund は「顧客と会社の間でのお金の払い戻し」ですね。接頭辞 re- についてもう少し教えてください。

先生：それでは 語源から単語を覚える方法 を例を挙げて説明しましょう。

1. 後ろへ・戻って 2. 再び 3. 反対に 4. 強意 の４つに大別できます。

1. 後ろへ・戻って
　　reject ＝ re「後ろへ」＋ ject「投げる」＝「拒否する」
　　respect ＝ re「後ろへ」＋ spect「見る」→ 後ろを見て注目する ＝「尊敬する」
2. 再び
　　review ＝ re「再び」＋ view「見る」＝「見直す」
3. 反対に
　　remit ＝ re「反対に」＋ mit「送る」→ 反対に送る → 送り返す ＝「送金する」
4. 強意
　　resolve ＝ re「強く」＋ solve →「解く・ほどく」＝ 強く決意する・解決する

生徒：re- には４つも意味があったのですね！　覚えます！
　　　ところで、You can't claim them は「あなたは請求できません」の意味を持つのですね。claim は「文句を言う」を意味すると思っていたのですが。

先生：「文句を言う」は complain です。 claim の意味 は「返品・交換・返金や保証の要求・申し立て・正当性を、主張・請求する」です。

生徒：何となく、わかりました！　だから荷物を預ける時の「受取券」を claim tag と言うんですか？

先生：はい、よろしい！「受け取る正当性を主張する券」を意味するのです。

生徒：決まり表現９の accredited hotel（認可を受けたホテル）も覚えにくかったですが、覚える方法がありますか？

先生：credit は「信用する」の意味を持ちます。

語源から単語を覚える方法 で覚えましょう。

accredit	ac「〜の方へ」＋credit「信用する」＝認可する
discredit	dis「否定」＋credit「信用する」＝疑う
incredible	in（否定）＋credit「信用する」＋ble「できる」＝信じられない

生徒：語源 claim と credit の意味を知ることでボキャブラリーが増えました。

先生：もう少し簡単な単語で例を挙げてみましょう。Chapter 1-3の決まり表現19の例文にも出ている transfer の語源を説明しましょう。
transfer=trans-「別の所へ・越えて」＋-fer「運ぶ」＝「転勤させる」です。-fer は ferry で運ぶと覚えましょう。

生徒：trans-「別の所へ」の方は前から知っていたような気がしますが、-fer は知りませんでした。

先生：-fer「運ぶ」を持つ単語は、他にもたくさんありますよ。

語源から単語を覚える方法

confer＝con「共に」＋fer「運ぶ」＝共に運ぶ→「話し合う」
　　　　名詞は conference「会議」です。
prefer＝pre-「先に」＋-fer「運ぶ」＝他の物より先に運ぶ→「好む」です。
refer＝re「後ろに・元へ」＋fer「運ぶ」＝後ろに戻って運ぶ→「言及する」

生徒：ビジネスに必要な英語だけでなく、いろんな単語も覚えられてとてもうれしいです！　先生の講座は最高です！　今夜は語源の夢を見そうです。

Chapter 1-5
仕事の依頼と応答

重要表現※かっこの中の表現を使って、英語で練習しましょう。

> 英語で言ってみよう！

依頼の表現

1. お願いがあるのですが。（ask you a favor）

2. もう一度おっしゃってくださいませんか？（Would you ＋動詞の原形？）

3. 5時までにレポートを仕上げられますか？（Can you ＋動詞の原形？）

4. 2時までに広告費を算出してくれませんか？
   （Will you ＋動詞の原形？/ calculate）

5. 競合メーカーの新製品について新しい情報を知らせてください。
   （Please / keep me updated with ～）

6. このプレゼン資料に目を通していただけますか？
   （Could I ask you to ＋動詞の原形 / review）

7. 3時までに見積もり書を作成してくださいますか？
   （Would you please ＋動詞の原形 / draw up ～ / estimate）

8. このプロジェクターを手伝ってくださいませんか？
   （Could you ＋動詞の原形 / give me a hand with ～）

9. お昼までに組織チャートを完成していただけると助かるのですが。
   （If you could ＋動詞の原形、that would be great.）

10. 企画書を金曜日までに仕上げられると思いますか？
    （Do you think you could ＋動詞の原形 / finalize / proposal）

1. 会社で使う英語

失礼にならない依頼表現と応答例を身につけましょう。断る場合は必ず断る理由の前に I'm afraid 〜や I'm sorry 〜、**I wish I could, but** 〜を使いましょう。

決まり表現をスラスラ言えるようになろう！

依頼の表現

1. May I **ask you a favor?**

2. **Would you** say that again?
   注意）日本人がよく言う Please say once more. は丁寧な表現ではありませんし、say は目的語が必要なので×です。

3. **Can you** finish the report by 5 o'clock?
   参考）同僚間では Can you 〜？がよく使われます。

4. **Will you calculate** the advertising costs by 2 o'clock?

5. **Please keep me updated with** information on our competitors' new products.

6. **Could I ask you to review** these presentation documents?
   参考）I'd like to ask you to ＋動詞の原形も OK です。

7. **Would you please draw up** the **estimate** by 3?

8. **Could you give me a hand with** this projector?
   参考）give me a hand は少しカジュアルですが、基本的に help と同じです。

9. **If you could** finish the organizational chart by noon, **that would be great.**　参考）finish と finalize は入れ替え可能。

10. **Do you think you could finalize** the **proposal** by Friday?

> 英語で言ってみよう！

11. 5時までに月例報告書を提出していただくことは可能でしょうか？
(Would it be possible to ＋ 動詞の原形)

12. 締め切りを延期していただけないでしょうか？
(I was wondering if you could ＋ 動詞の原形 / extend)

13. 中国語のこの翻訳を手伝っていただければ、ありがたいのですが。
(I'd appreciate it if you could ＋ 動詞の原形)

14. 中国語の書類をお昼までに翻訳していただけませんか？
(Would you mind ＋ ～ ing?)

応じる場合の表現

15. わかりました。すぐにそれに取りかかります。(Sure / take care of ～)

16. いいですよ。すぐにそれに取りかかります。(No problem / get right on ～)

17. わかりました。いつまでに仕上げたらよろしいですか？（Certainly）

礼儀正しい断りの表現

18. 申し訳ないのですが、できません。この年間売上報告書を今日仕上げなければならないのです。(I'm afraid)

19. できればよいのですが、4時までにすべてのデータをコンピュータに入力しなければならないのです。(I wish I could, but ～)

代替案を出す場合の表現

20. お手伝いさせていただきたいのですが、今は手いっぱいです。だけど今日の午後なら喜んでさせていただきますが。
(I wish I could, but ～ / I'd be happy to take care of it)

> 決まり表現をスラスラ言えるようになろう！

11. **Would it be possible to** submit the monthly report by 5?

12. **I was wondering if you could extend** the deadline.

13. **I'd appreciate it if you could** help me with this Chinese translation.

14. **Would you mind translating** this Chinese document by noon?

> 応じる場合の表現

15. **Sure.** I'll **take care of** it now.
    参考）問題に対処する（take care of the problem）、事務処理を引き受ける（take care of the paperwork）など応用範囲が広いです。

16. **No problem.** I'll **get right on** it.
    参考）get right on の方が take care of よりカジュアルな表現です。

17. **Certainly.** When would you like it to be done?

> 礼儀正しい断りの表現

18. **I'm afraid** I'm unable to do it. I have to finish this annual sales report today.
    参考）I'm sorry but より I'm afraid の方が少しビジネスらしいです。I'm afraid の場合は but は不要。can't よりも be unable to の方が申し訳ない気持ちが伝わります。

19. **I wish I could, but** I have to input all the data into the computer by 4.

> 代替案を出す場合の表現

20. **I wish I could, but** I'm tied up at the moment. But **I'd be happy to take care of it** this afternoon.
    参考）断る理由と代替案まで述べていて非常に良いです。

CD1-Track 19

ビジネス場面実況中継

翻訳の依頼の場面。丁寧な依頼方法と、断り方・応じ方に注意して聞きましょう。

エリカ：Paul, ⑭ <u>would you mind translating this Chinese document by noon?</u>
ポール：⑱ <u>I'm afraid I'm unable to do it.</u> I have to finalize this organizational chart by 11. ⑳ <u>But I'd be happy to take care of it this afternoon.</u>
エリカ：⑨ <u>If you could</u> translate it by 3, ⑨ <u>that would be great!</u>
ポール：OK.
エリカ：Thanks a lot. You are always so helpful.

重要語句をチェック！
☐ finalize　完成させる
☐ organizational chart　組織チャート

日本語訳

> エリカ：ポール、⑭この中国語の書類をお昼までに翻訳していただけませんか？
> ポール：⑱申し訳ないですができません。この組織チャートを11時までに完成しなければなりません。⑳だけど今日の午後なら、喜んでさせていただきますが。
> エリカ：この翻訳を3時までに⑨していただけると助かるのですが。
> ポール：大丈夫ですよ。
> エリカ：本当にありがとう。あなたのおかげで、いつもとても助かります。

ビジネス英語講座実況中継

先生：依頼されたことに応じる場合の表現 Sure./ OK./ Certainly./ No problem. を最初に言うと、気持ちがはっきりと伝わります。

生徒：先生、質問です。数年前、アメリカ人英語講師に Would you like to join our barbecue party?「バーベキューパーティーに参加しますか？」と誘ったら、No problem. とのお返事。参加されましたが、この返事は少し変だと思ったのですが。

先生：アメリカ人英語講師は 勧誘に応じる場合の表現 I'd love to.「ぜひ」または I'd be delighted to.「喜んで」、With pleasure.「喜んで」と応えるべきでしたね。

生徒：英語のネイティブスピーカーでも変な英語を使うことがあるんですね。私たち日本人でも変な日本語を使うことがあるように。（笑）

先生：その通りです。
次に、私の体験談をお話ししましょう。英会話初心者だった頃、私は相手をピクニックに誘って、Yes, why not? と返答がきて、断られたような変な気分になったことがあります。勧誘された場合の応答 Yes, why not? の意味 は「はい、もちろん」「はい、ぜひ」を意味します。この表現もしっかり覚えましょう。だけど英語を母国語としない人を相手に話す場合は理解してもらえるかどうかわからないので、使わない方がよいでしょう。

生徒：英語を母国語としない人との会話は、シンプルな英語の方がよいのですね！

先生：次に 日本人が間違いやすい表現 依頼文 Would you mind ＋～ ing とその応答について少し触れてみましょう。

mind は「気にする」の意味を持ちます。直訳すると「～することを気にしますか？」＝「～してくれませんか」に なります。

承諾する時は Not at all./ Sure./ OK./ Certainly./ No problem. です。日本人はどうも、この **Not at all.** が言いにくいようです。承諾する時に Yes! を使って混乱を招く傾向にありますので注意しましょう。

生徒：それでは、断る場合は、「気にします」を意味する Yes で良いのですよね！

先生：この場合、断る時の Yes! はとても無礼になりますから避けましょう。依頼されたことを断る時は、I'm afraid、I'm sorry の次に I'm unable to 動詞の原形を続けましょう。I wish I could ～と前置きした上できちんと依頼を受けられない理由を言うと、とても礼儀正しいです。

生徒：依頼の丁寧な表現を、もう一度教えていただきたいのですが。

先生：それでは下記の 依頼の表現11 をまとめましたのでノートに書きましょう。カジュアル→丁寧な順番です。

---

① Please ＋ 動詞の原形
② Will / Can you ＋ 動詞の原形？
③ Would / Could you 動詞の原形？
④ Would / Could you please ＋ 動詞の原形？
⑤ Could I ask you to ＋ 動詞の原形？
⑥ If you could ＋ 動詞の原形, that would be great.
⑦ Do you think you could ＋ 動詞の原形？
⑧ Would it be possible to ＋ 動詞の原形？
⑨ I was wondering if ＋ 主語 ＋ could ＋ 動詞の原形
⑩ I'd appreciate it if you could ＋ 動詞の原形
⑪ Would you mind ＋ ing 形？

生徒：社内での依頼表現は、どの程度の英語を使えばよいのでしょうか？

先生：社内では部下が上司にお願いする時、Please ～ . や Will you ～？は失礼になります。上司が部下にお願いする場合や同僚間では、Please ～、Will you ～？ Can you ～？ で OK です。部下が上司にお願いする場合は上記の依頼表現の③～⑪を使えばよいでしょう。

生徒：決まり表現12. **I was wondering if you could** extend the deadline.
「締め切りを延期していただけないでしょうか？」は過去進行形で話しにくいです。現在進行形でも良いですか？

先生：現在進行形でも OK です。でも過去進行形にした方が丁寧になります。**I was wondering if ＋主語＋could＋動詞の原形**は、よく使われる表現です。特にこの文は締め切りの延期を求めているので丁寧にお願いしています。

ダイアローグでは上司のエリカも Would you mind ＋ ～ ing? の丁寧表現を使い、礼儀正しいですね。

生徒：「英語で話す人はカジュアルで上司と部下の間、顧客と業者間でもファーストネームで呼び合ったりする」という話をよく聞きますが。

先生：コミュニケーションを円滑にするために、ファーストネームで呼び合う信頼関係を築くことは大切です。でも**最初から相手の許可を得ずファーストネームで呼んだり、カジュアルな話し方をするのは避けるべきでしょう。**

日本人同士の会話で相手が丁寧すぎる日本語を使った場合は、ちょっと複雑な気持ちになる時もありますね。しかし、母国語でない英語を話す場合はカジュアルな話し方よりも、丁寧すぎる方が無難と言えるでしょう。

I was wondering if ～のような丁寧な表現はしっかり覚えるようにしましょう。

生徒：わかりました！

先生：敬語は難しいですね。少し日常会話の例も挙げてみましょう。最寄りの駅を教えてほしい場合のカジュアル→丁寧な順番です。

　1. Where is the nearest station?
　2. Do you know where the nearest station is?
　3. Do you happen to know where the nearest station is?

生徒：英語の敬語を教えてもらって思うのですが、長い方が丁寧な気がします。

先生：日本語と同じで、それも一理ありますね！

Chapter 1-6
申し出・アドバイス・提案方法

重要表現※かっこの中の表現を使って、英語で練習しましょう。

> 英語で言ってみよう！

申し出る表現と応答表現

1. 何かお手伝いしましょうか？　ありがとう、大丈夫です。(Would you like 〜?)

2. コピーをお取りしましょうか？　ありがとう、だけどできますよ。
   (Would you like me to ＋動詞の原形)

3. 私に何かできることがありますか？　ありがとう、お願いします（ご親切感謝します）。(Is there anything 〜?)

4. 何かご用の場合は、遠慮なくお申し付けください。ご親切ありがとう。
   (don't hesitate to ＋動詞の原形)

アドバイスを求める表現

5. お忙しいところすみませんが、少し質問がございます。(quick question)

6. この件に関してどのように対処すべきか、ご存じですか？
   (what I should do about 〜)

7. プレゼンの方法についてアドバイスが欲しいのですが。
   (I'd like to ask your advice about 〜)

8. 予算の問題について何かアドバイスをいただければと思うのですが。
   (I was wondering if you could give me some advice on 〜)

9. 苦情を処理する方法についてアドバイスをいただけませんか？
   (Could you give me some advice on 〜?)

10. 良いアイデアが何か浮かんだら教えてください。
    (let me know / come up with 〜)

丁寧な提案方法、失礼にならない提案方法の表現をしっかり身につけましょう。

> 決まり表現をスラスラ言えるようになろう！

申し出る表現と応対表現

1. **Would you like** some help?　Thank you, but that's OK.

2. **Would you like me to** make copies for you?　Thanks, but I can manage it.

3. **Is there anything** I can do for you?　Thanks a lot. I appreciate your kindness.

4. If you need anything, please **don't hesitate to** ask me. That's very kind of you.

アドバイスを求める表現

5. Sorry to bother you, but I have a **quick question**.
   重要）Sorry to bother you は、話し中や仕事に割り込む場合などいろいろなシーンに使用可。Excuse me より丁寧です。

6. Do you know **what I should do about** this problem?
   参考）Do you know を文頭に置くことで What should I do？より丁寧になります。

7. **I'd like to ask your advice about** how to make a presentation.

8. **I was wondering if you could give me some advice on** the budget issue.
   参考）I am wondering if you could ～でも OK ですが、過去進行形にした方が間接的で丁寧になります。

9. **Could you give me some advice on** how to deal with complaints?

10. Please **let me know** if you **come up with** some good ideas.

英語で言ってみよう！

提案・アドバイスの表現

11. 仕事に優先順位をつけることが大切です。
　　（It's important for you to ＋ 動詞の原形 / task）

12. チェンさんと直接お会いになることを提案します。
　　（I'd like to suggest ＋ (that) ＋ 主語 ＋ (should) ＋ 動詞の原形 / in person）

13. この時間帯ですと、タクシーよりも電車を使う方がよいでしょう。
　　（suggest ＋ 〜 ing / take a train）

14. 昨年の予算を見直すことを提案します。
　　（recommend または propose ＋ (that) ＋ 主語 ＋ (should) ＋ 動詞の原形）

15. 結論を箇条書きにした方がよいと思います。
　　（might want to ＋ 動詞の原形 / itemize conclusions）

16. 机のまわりを整理整頓した方がよいと思います。
　　（might want to ＋ 動詞の原形 / organize one's desk）

17. それに関して謝罪した方がよいと思いますよ。
　　（It might be a good idea to ＋ 動詞の原形）

18. それに関しては議論しない方がよいですよ。
　　（Perhaps / you'd better not ＋ 動詞の原形）

19. Eメールの口調を変えたほうがよいでしょう。
　　（Maybe you should ＋ 動詞の原形）

20. それに不要になった極秘書類はシュレッダーにかけてください。
　　（should / shred / confidential documents）

CD1-Track 21

> 決まり表現をスラスラ言えるようになろう！

提案・アドバイスの表現

11. **It's important for you to** prioritize your **tasks**.
    参考）prioritize の名詞は priority（優先）です。

12. **I'd like to suggest** that you should see Ms. Chen **in person**.

13. I **suggest taking a train** instead of a taxi at this time of the day.
    参考）一般常識を働かせて提案する場合は suggest を使います。

14. I **recommend** that you should review last year's budget.
    参考）経験や知識に基づき提案する場合は recommend または propose を使います。

15. You **might want to itemize** your **conclusions**.
    参考）itemize の名詞形は item（項目）です。

16. You **might want to organize your desk**.
    参考）be organized は「几帳面な」です。

17. **It might be a good idea to** apologize for it.

18. **Perhaps you'd better not** discuss it.
    注意）Perhaps を文頭に置くことで柔らかな表現になります。

19. **Maybe you should** change the tone of your e-mail.
    注意）Maybe を入れることで丁寧な表現になります。

20. You **should** also **shred** unneeded **confidential documents**.
    参考）shred の名詞形は shredder（シュレッダー）です。

CD1-Track 22

ビジネス場面実況中継

　先輩が新入社員に手伝いを申し出るのは親切ですね。また新入社員が先輩にアドバイスを求める場面も素直でいいですね。

先輩：You look so busy today.
新人：I came back from my business trip to New York this morning. I have a lot of things to do. I have three deadlines now. I have to submit a monthly sales report by noon.
先輩：⑪ <u>It's important for you to prioritize your tasks.</u> ③ <u>Is there anything I can do for you?</u>
新人：Thanks a lot. Could you staple these documents for me?
先輩：No problem. I'll take care of it.
新人：By the way, I'm still new. ⑧ <u>I was wondering if you could give me some advice.</u>
先輩：⑯ <u>You might want to organize your desk.</u> By doing that, you can speed up your work.
新人：Thanks. I'm kind of messy. I wish I was more organized!
先輩：⑳ <u>You should also shred unneeded confidential documents.</u>

重要語句をチェック！

☐ prioritize　優先する　　　☐ staple　ホッチキスで留める
☐ organize　整理整頓をする　☐ messy　散らかし屋さんの
☐ shred　シュレッダーにかける

日本語訳

先輩：今日は忙しそうだね。
新人：ニューヨークへの出張旅行から今朝、帰って来ました。やらなければならないことが、たくさんあります。締め切りの迫った仕事が3つもあります。月例報告書をお昼までには提出しなければならないのです。
先輩：⑪仕事に優先順位をつけることが大切です。③私に何かできることがありますか？

新人：ありがとうございます。書類をホッチキスで留めていただけますか。
先輩：いいですよ。私がしましょう。
新人：ところで、私はまだ入って間もないです。⑧何かアドバイスをいただければと思うのですが。
先輩：⑯机のまわりを整理整頓した方がよいと思います。そうすれば、仕事の速度が上がります。
新人：ありがとうございます。私は散らかし屋さんなのです。整理整頓がうまくなれればよいのですが！
先輩：⑳それに、不要になった極秘書類はシュレッダーにかけてください。

ビジネス英語講座実況中継

先生：失礼な話し方をすると人間関係がうまくいかなくなります。
生徒：同僚に You had better work hard. と話して顰蹙(ひんしゅく)を買ったことがあります。
先生：きつい表現2 ですね。次の2つの表現は避けましょう。

① You had better ＋動詞の原形
② You should ＋動詞の原形

生徒：でもダイアローグの最後に You should also shred unneeded confidential documents. で should を使っていますね！　これは OK なのですか？
先生：極秘書類をシュレッダーにかけなさいと、きびしく注意する必要があるから OK です。

提案する場合の丁寧な表現6 をまとめますので、ノートに書いてください。

① I'd like to recommend / propose / suggest (that)＋主語(should)＋動詞
② I recommend/propose/ suggest＋(that)主語＋(should)＋動詞の原形
③ It's important for you to＋動詞の原形
④ You might want to＋動詞の原形
⑤ Maybe you should (not)＋動詞の原形
⑥ Perhaps you had better (not)＋動詞の原形

Chapter 1-7
進行状況を尋ねる・報告する

重要表現※かっこの中の表現を使って、英語で練習しましょう。

> 英語で言ってみよう！

進捗状況を聞く表現

1. すべて順調に進んでいますか？（go smoothly）＊現在進行形
    ＊1～3は現在進行形でも現在完了進行形でも OK です。

2. プロジェクトはうまく進んでいますか？
    （How / come along）＊現在完了進行形

3. 準備は進んでいますか？（How / go）＊現在進行形

4. プロジェクトは、どのあたりまで進んでいますか？（How far along ～ ?）

5. これまでにできた仕事を見せてもらえますか？
    （what you have done so far）

6. プロジェクトを完成させるのに、あとどのくらいかかりますか？
    （How much longer ～ ?）

7. 仕事を急いで進めてくれませんか？（speed up one's work）

8. 締め切りを早めていただけませんか？（move up the deadline）

9. 念のためのお知らせですが、期日は明日です。（Just a friendly reminder）

仕事の進行状況を尋ねること、報告することは、とても大切ですね。また残業をする人への思いやりの言葉も大切です。

> 決まり表現をスラスラ言えるようになろう！

進捗状況を聞く表現

1. Is everything **going smoothly**?
   参考) 現在完了進行形では Has everything been going smoothly? です。現在完了進行形の方が、今までずっと続いていることを強調します。

2. **How** has the project been **coming along**?
   参考) 現在進行形では How is the project coming along? です。

3. **How** are the preparations **going**?
   参考) 現在完了進行形では How have the preparations been going? です。

4. **How far along** are you on the project?
   参考) How far で、距離だけでなく程度も意味します。

5. Will you show me **what you've done so far**?

6. **How much longer** will it take to finish the project?
   参考) How much longer do I have to wait? など応用可能です。

7. Can you **speed up your work**?

8. Would you **move up the deadline**?

9. **Just a friendly reminder:** the deadline is tomorrow.
   (I'd like to remind you よりも柔らかい表現です)

英語で言ってみよう！

進捗状況を聞かれて報告する表現

10. プロジェクトは順調に進行しています。（go smoothly）

11. （私たちは）スケジュール通りです。（on schedule）

12. （私たちは）スケジュールより進んでいます。（ahead of schedule）

13. （私たちは）スケジュールより3日間進んでいます。
    （three days ahead of schedule）

14. 申し訳ございませんが、（私たちは）少しスケジュールより遅れております。
    （behind schedule）

15. 技術的な問題が生じたため、(私たちは) 1週間、遅れています。
    （due to technical problems）

16. 1週間締切日を遅らせることは可能ですか？（push back the deadline）

残業に関する表現

17. このプロジェクトをスケジュール通りに完成させるために、私たちは毎日3時間残業をしなければなりません。
    （We are going to have to / put in + ～ hours of overtime）

18. 昨日は2時間の残業をしました。（work + ～ hours of overtime）

19. また残業ですか？　何時に仕事を終えられそうですか？（get off）

20. 働きすぎて体を壊さないようにしてください。（ruin one's health）

決まり表現をスラスラ言えるようになろう！

進捗状況を聞かれて報告する表現

10. Our project is **going smoothly**.
    注意）smoothly の代わりに without any incident は×です。以前に何か事故があったような印象を与えます。

11. We're **on schedule**.

12. We're **ahead of schedule**.

13. We're **three days ahead of schedule**.

14. I'm sorry, but we're a little **behind schedule**.

15. We're one week behind schedule **due to technical problems**.

16. Is it possible to **push back** the deadline by one week?
    参考）push back の方が delay や postpone より口語的です。

残業に関する表現

17. **We're going to have to put in** three **hours of overtime** every day in order to finish this project on schedule.
    参考）put in three hours of overtime の方が work three hours of overtime より口語的です。

18. I **worked** two **hours of overtime** yesterday.
    注意）overwork は「過労」を意味するので、work overtime の代わりに使わないように。

19. You're working overtime again? What time do you think you can **get off**?

20. Please be careful not to **ruin your health** by overworking.

CD1-Track 25

ビジネス場面実況中継

仕事の進捗状況を聞かれ、遅れているのでパートタイマーの雇用を依頼している場面です。

上司：Robert, ② how has the project been coming along?
部下：I was just going to report to you about that. The deadline is February 5, but ⑮ we're one week behind schedule, because our staff members got influenza one after another.
上司：⑦ Can you speed up your work?
部下：⑰ We're going to have to put in three hours of overtime every day in order to finish this project on schedule. I was wondering if you could take on a part-time worker.

重要語句をチェック！

☐ come along　うまく進む
☐ be one week behind schedule　スケジュールが1週間遅れている
☐ get influenza　インフルエンザにかかる　　☐ take on ～　～を雇う

日本語訳

上司：ロバート、②プロジェクトはうまく進んでいますか？
部下：ちょうど報告しようと思っていたところです。締め切りは2月5日なのですが、⑮（私たちは）1週間、遅れています。というのは、メンバーが次から次へとインフルエンザにかかってしまったのです。
上司：⑦仕事を急いで進めてくれませんか？
部下：⑰このプロジェクトをスケジュール通りに完成させるために、私たちは毎日3時間残業をしなければなりません。パート従業員を雇用していただければと思うのですが。

ビジネス英語講座実況中継

生徒：決まり表現17．We're going to have to put in three hours of overtime 〜．は We are going to put in three hours of overtime 〜．の方がシンプルでよいのではないでしょうか？ have to は不必要なのでは？

先生：be going to 〜と be going to have to 〜の違い ですが、be going to だけだと「私たちは残業するからな」の意味になり強引に聞こえます。have to を入れることがとても大切です。

生徒：わかりました！　主語が人の場合にだけが、have to を入れることで丁寧になるのですね！　もう１つ質問です。主語が人の場合にしか be ahead of schedule、be on schedule、be behind schedule は使えないのですか？

先生：いいえ。主語は物でも OK です。11から14まですべて We're を It's に書き換え可能です。決まり表現15は次のように書き換えられます。

The schedule is one week behind due to technical problems.

他にも３文例文を挙げますのでノートに書いてください。

① 457便はスケジュール通りに出発しますか？
　 Will Flight 457 leave on schedule?
② 弊社の最新型の PC はスケジュールより２カ月早く発売されました。
　 Our latest PC was launched two months ahead of schedule.
③ その建設プロジェクトは予定より１カ月遅れています。
　 The construction project is one month behind schedule.

生徒：I'm a little behind schedule. I'll get back to work and work overtime. I have to speed up my work!

先生：はい、よろしい！　Chapter 1-7のレッスンの内容がよく理解できていますね！

１．会社で使う英語

Chapter 1-8
就業規定の説明と休暇申請

重要表現※かっこの中の表現を使って、英語で練習しましょう。

英語で言ってみよう！

就業規定の説明の表現

1. ここではフレックスタイムで勤務しています。（work on flextime）

2. 勤務時間は9時半から5時半です。（office hours）

3. 1時間を超える残業には残業代が支払われます。（overtime work）

4. この会社では20日間の有給休暇があります。（paid holiday）

5. 1カ月前に休暇届を提出してください。
（submit / request form / one month in advance）

6. 病気休暇を1年に5日間まで使えます。（up to / sick leave）

7. 医師からの診断書を提出しなければなりません。（turn in / doctor's note）

休暇申請の表現

8. 体調がよくないので本日病気休暇をいただきたいのですが。（take a sick leave）

9. 7月1日から14日まで2週間の夏季休暇をいただきたいのですが。
（I was wondering if I could）

休暇申請を許可できない場合の表現と具体例

10. 休暇を別の時期に取ってもらうことは可能でしょうか？
（Would it be possible to ＋動詞の原形～？）

11. ブースで実演者として働いてもらえたらありがたいのですが。
（I'd appreciate it if ＋主語＋ could ＋動詞の原形）

会社の就業規定の説明方法や休暇のリクエストの方法をしっかり覚えましょう。

> 決まり表現をスラスラ言えるようになろう！

就業規定の説明の表現

1. We **work on flextime** here.
   参考）be on flextime も意味は同じです。

2. Our **office hours** are from 9:30 to 5:30.

3. You get paid for **overtime work** of over an hour.
   注意）overwork は「過労」を意味するので×です。

4. You have 20 **paid holidays** in this company.

5. Please **submit** a **request form** for a vacation **one month in advance**.
   参考）submit「提出する」のイディオムは turn in です。

6. You can use **up to** five days of **sick leave** per year.

7. You have to **turn in** a **doctor's note**.

休暇申請の表現

8. I'm not feeling well, so I'd like to **take a sick leave**.
   注意）I have a disease は「重病です」を意味するので言わないように。

9. **I was wondering if I could** take a two-week summer vacation from July 1st to 14th.

休暇申請を許可できない場合の表現と具体例

10. **Would it be possible to** take a vacation at another time?

11. **I'd appreciate it if** you **could** work as a demonstrator at our booth.
    重要）I'd appreciate it if you could ＋動詞の原形は動詞を入れ替えることによって応用可能です。

CD1-Track 27

ビジネス場面実況中継

部下が上司に夏季休暇を申し出ている。上司からその期間中はロンドンでの展示会に参加するように依頼され、喜んでいる場面である。

部下：⑨ <u>I was wondering if I could take a two-week summer vacation from July 1st to 14th.</u>
上司：⑩ <u>Would it be possible to take a vacation at another time?</u>
We're scheduled to exhibit our new furniture at the World Trade Furniture Show in London during that period.
⑪ <u>I'd appreciate it if you could work as a demonstrator at our booth.</u>
部下：Wow! I've always wanted to participate in a trade show abroad.
上司：I'm sure you can get acquainted with a lot of people in the same line of work. Also, we can negotiate directly with buyers.
You'll see how people in other countries view our products.
One of the most important things is that we can get credit by registering on the exhibitors' list.

重要語句をチェック！

- exhibit　展示する
- trade show　展示会・見本市
- get acquainted with ～　～と知り合いになる
- in the same line of work　同じ業界の
- view　見る
- exhibitors' list　展示リスト

日本語訳

部下：⑨7月1日から14日まで2週間の夏季休暇をいただきたいのですが。
上司：⑩休暇を別の時期に取ってもらうことは可能でしょうか？
その時期にロンドンの世界家具展示会で家具を展示する予定です。
⑪ブースで実演者として働いてもらえたらありがたいのですが。
部下：すごいです！　海外での展示会に参加したいと、ずっと思っていたのです。
上司：きっと同業者の多くの人と知り合えます。それにバイヤーと直接交渉できるのです。他の国の人たちが私たちの製品をどのように見ているかがわかりますよ。また、重要なことの1つは、展示者リストに登録することで信用を得られるということです。

ビジネス英語講座実況中継

先生：覚えてほしい表現 **I'd appreciate it if you could ＋ 動詞の原形** を使って上司が I'd appreciate it if you could work as a demonstrator at our booth. と言っていますね。

生徒：I'd appreciate it if you could teach me English every day. I like your teaching method.

先生：それを聞いて、とてもうれしいです！　**I wish I could, but** my schedule is too tight. ← Chapter 1-5　仕事の依頼と応答の決まり表現19の応用文です！　I wish I could, but ～ を使えるようになりましょう。

生徒：はい！　ところで submit も語源がありそうですね。
語源から単語を覚える方法 を教えてください。

先生：submit ＝ sub「下に」＋ mit「送る」→ 下に送る ＝「提出する」となります。

生徒：subtitle ＝ sub「下に」＋ title「題」→「字幕」もですか？

先生：その通りです！　他には subscribe「購読する」→ sub「下に」＋ scribe「書く」→ 申し込む際に書類の下に署名する →「定期購読する」などがあります。

生徒：Chapter 1-4でも語源を教えてもらいましたが、ここでも教えてもらえて、とてもうれしいです！

Chapter 1-9
パソコン・コピー・ファックスの英語

重要表現※かっこの中の表現を使って、英語で練習しましょう。

英語で言ってみよう！

電源を入れる表現

1. コンセントにプラグを差し込んでくれませんか？（put the plug in the socket）

パソコンに関する表現

2. スケジュールの入ったEメールを転送してくださいませんか？（forward）

3. あなたに送ったEメールが何らかの理由で戻ってきました。（bounce back）

4. 私が受け取ったEメールが文字化けしていました。（be garbled）

5. 送ってくださったEメールの添付ファイルがひらけません。コピーをファックスで送ってくださいませんか？（e-mail attachment）

6. このパソコンのどこかが故障しているかもしれません。
（Something may be wrong with ＋名詞）

7. 私のコンピュータは順調に作動しません。（work well）

8. 個人情報をメールする時は、ファイルをパスワード付きZIPにして送ってください。（zip up）

9. 製品のチラシをPDF形式で準備してくれませんか？
（product leaflet / in PDF format）

会社に行き、あいさつの次にすることは何でしょう？ 最近ではまず初めにパソコンを起動させる人が多いかもしれませんね。書類などのコピーやファックスもとても大切です。「あ〜、バックアップを取っておくべきだった」など「後悔の英語、主語＋should＋have＋過去分詞」を身につけましょう。

決まり表現をスラスラ言えるようになろう！

電源を入れる表現

1. Will you **put the plug in the socket**?
   注意）コンセントはカタカナ英語です。

パソコンに関する表現

2. Would you please **forward** the e-mail with the schedule in it?

3. The e-mail I sent you **bounced back** to me for some reason.

4. The e-mail I received **was garbled**.

5. I can't open the **e-mail attachment** you sent me. Could you fax me a copy?

6. **Something may be wrong with** this personal computer.

7. My computer isn't **working well**.
   参考）work well は function well と同じ意味を持ちます。

8. Will you **zip up** your personal information with a password and e-mail it to me?
   参考）zip up all materials「すべての資料は zip ファイルにまとめる」

9. Will you prepare a **product leaflet in PDF format**?
   参考）leaflet は「leaf のように飛んでしまいそうになるチラシ印刷物」と覚えましょう。

1・会社で使う英語

| 英語で言ってみよう！ |

10. ファイルが1メガバイト以上なら、圧縮してください。(compress)

11. <u>小さなファイルを解凍するのは面倒です。</u>(troublesome / decompress)

12. ファイルをすでにウェブにアップロードしました。(post a file)

13. ファイルは書き込み禁止です。(be write-protected)

14. 私は社内［イントラ］の掲示板を毎朝チェックします。
(browse / intranet bulletin board)

15. コンピュータを起動させようとしましたが、私のコンピュータは順調に作動しません。(start up the computer)

16. コンピュータを再起動できません。電源を切ってもいいですか？
(reboot / turn off)

17. 文書を社内用ホームページからダウンロードしようとしましたが無理でした。
(intranet)

18. この新しいソフトは私のMacと互換性がありません。
(be compatible with)

| 決まり表現をスラスラ言えるようになろう！ |

10. If the file is 1 megabyte or over, please **compress** it.

11. It's **troublesome** to **decompress** small files.
    参考）接頭辞 de- には「分離」「下降」「否定」「反対」の意味があります。

12. I've already **posted a file** on the website.

13. The file **is write-protected**.
    参考）copy-protected「コピー防止機能付きの」、password-protected「パスワード制御の」を意味します。

14. I **browse** the **intranet bulletin board** every morning.
    参考）browse は「情報を閲覧する」。

15. I tried to **start up the computer**, but it's not working well.
    参考）start up と boot up は同じ意味を持ちます。

16. I can't **reboot** the computer. Can I **turn** it **off**?
    参考）boot は「起動する」を意味します。

17. I tried to download some documents from the **intranet**, but couldn't.
    参考）intra- は「内部の」を意味します。

18. This new software **isn't compatible with** my Mac.
    参考）We're very compatible は「私たちはとても相性がよい」を意味します。

英語で言ってみよう！

19. 私のコンピュータがまた何らかの理由で固まりました。
    (for some reason)

20. 私のパソコンはウイルスに感染しているかも知れません。
    (be infected with a virus)

21. このソフトは、あなたのコンピュータのウイルスを見つけられます。
    (detect viruses)

22. ウイルスに感染した時どうしますか？（What if ＋ 主語 ＋ 動詞？）

23. 最初に、LAN ケーブルを抜きます。（unplug）

24. 次に、管理情報部と上長に報告します。
    (report the problem to / immediate supervisor)

25. 最後にウイルスチェックをかけます。（run a virus check on）

26. 添付ファイルを開く前に、アンチウイルスソフトでウイルスチェックを行うべきです。（scan）

27. ファイアウォールで不正アクセスをブロックすべきでした。
    (should have ＋ 過去分詞)

28. 定期的にデータをバックアップするべきでした。
    (back up the data / on a regular basis)

29. ファイルを CD に焼くべきでした。（burn the file to a CD）

| 決まり表現をスラスラ言えるようになろう！ |

19. My computer froze **for some reason**.
    注意）some reasons は「いくつかの理由」、some reason は「何らかの理由」です。

20. My PC may **be infected with a virus**.
    参考）virus を bug に入れ替え可能。ウイルスはカタカナ英語です。

21. This software can **detect viruses** on your computer.

22. **What if** the PC is infected with a virus?

23. First, we **unplug** the LAN cable.
    参考）un- を接頭辞に持つ単語には unload「荷物を降ろす」、unlock「鍵を開ける」などがあります。

24. Next, you should **report the problem to** the administrative information department and your **immediate supervisor**.
    参考）immediate は、この場合「直属の」を意味します。

25. Lastly you should **run a virus check on** the computer.
    参考）run a spell check は「スペルチェックを行う」を意味します。

26. You should **scan** the attached files with anti-virus software before opening them.

27. You **should have** blocked illegal access with a firewall.

28. You should have **backed up the data on a regular basis**.

29. You should have **burnt the file to a CD**.

英語で言ってみよう！

コピーに関する表現

30. この社内伝達文のコピーを5部取ってくれませんか？（interoffice memo）

31. この表をB5に縮小してください。（reduce this table to）

32. 両面コピーをしてくれますか？（make a double-sided copy）

33. このコピー機はまた紙詰まりを起こしました。（get jammed）

34. 中で紙が詰まっています。（be stuck）

35. 紙詰まりを直すお手伝いをしましょうか？
（Would you like some help with ＋名詞）

36. コピーをたくさんしなければならないので、お急ぎでしたらどうぞ。（go ahead）

37. 用紙が切れました。（run out）

38. 紙を補充してください。（load）

39. トナーはどこにあるのですか？（Where can I find ～?）

ファックスに関する表現

40. グリーンさんからのファックスは届きましたか？（arrive）

41. 8ページと9ページが抜けています。（miss）

> 決まり表現をスラスラ言えるようになろう！

コピーに関する表現

30. Would you make five copies of this **interoffice memo**?

31. Please **reduce this table to** B5.　参考)「拡大する」は enlarge。

32. Could you **make a double-sided copy**?

33. This copier **got jammed** again.

34. Some paper **is stuck** inside.
参考) 活用形 stick（進まない）- stuck - stuck

35. **Would you like some help with** that paper jam?
参考) jam は「詰まること」、traffic jam は「交通渋滞」を意味します。

36. I have a lot of copying to do. If you are in a hurry, please **go ahead**.

37. The paper has **run out**.

38. Please **load** some more paper.

39. **Where can I find** the toner?
注意) Where is my toner? と言うと、「誰かがどこかにやった」と疑っているように聞こえてしまいます。

ファックスに関する表現

40. Has the fax from Mr. Green **arrived**?

41. Pages 8 and 9 are **missing**.
参考) 何か欠如している時 ～ is missing 例: Something is missing.「何かが足りない」

ビジネス場面実況中継

　ファックスの枚数が抜けているため電話すると相手から、Eメールが文字化けしているしファイルの解凍もできないので、圧縮せずに送付してほしいと依頼を受けます。コピーも紙詰まりし故障して、大変な場面です。

リンダ：I'm calling because I received pages 1 to 7 of your fax, but ㊶ pages 8 and 9 are missing.

マイク：OK, I'll send them again. ⑥ Something may be wrong with the fax machine. Actually, I was just going to telephone you, because ④ the e-mail I received was garbled. I downloaded the attached file, but I couldn't decompress it.
Would you please e-mail the attached file again? And when you send it, it would be better not to compress it.
⑪ It's troublesome to decompress small files.

リンダ：Sure. Today has been a terrible day. This morning our copier got jammed again and again and then it broke. By the way, I didn't break the copier or the fax machine.

重要語句をチェック！

- [ ] be garbled　文字化けする
- [ ] decompress　解凍する
- [ ] troublesome　面倒な
- [ ] compress　圧縮する
- [ ] get jammed　紙詰まりする

日本語訳

リンダ：ファックスの1ページから7ページまで受け取りましたが、㊶8ページと9ページが抜けていますのでお電話をしています。

マイク：わかりました。もう一度送ります。ファックス機⑥のどこかが故障しているかもしれません。ちょうどお電話しようと思っていたのです、というのは④（私が）受け取ったEメールが文字化けしていたのです。
添付ファイルをダウンロードしたのですが、解凍できませんでした。
添付ファイルを、もう一度メールで送ってくださいませんか？
そして、今度送ってくださる時は圧縮しないでいただきたいのですが。
⑪小さなファイルを解凍するのは面倒です。

リンダ：わかりました。今日はさんざんな日です。今朝、コピー機が何回も紙詰まりして壊れました。だけど私はコピーもファックスも壊しませんでしたよ。

ビジネス英語講座実況中継

先生：決まり表現の27～28にある **I should have ＋ 過去分詞の表現** をしっかり覚えましょう。

生徒：あ～なんてことだ～！ バックアップを取っておくべきだったと言うことが多いです。I should have backed up the data. と言えばよいのですね。
I didn't break the copier or the fax machine. は「どちらか片方だけを壊した」時に使うように思っていたのですが。

先生：それは間違いです。**否定文の中の or と and の違い** を例を挙げて説明しますので、ノートに書いてください。

① I didn't break the copier or the fax machine.
（私はコピー機もファックス機も壊さなかった）→どちらも壊さなかった。

② I didn't break the copier and the fax machine.
（私はコピー機とファックス機の両方を壊したわけではない）→どちらかを壊した。

生徒：頭の中が混乱してきましたが、この例文を暗記して間違わないようにします。

ところで、決まり表現1 「コンセントにプラグを差し込んでくれませんか?」の表現 Will you put the plug in the socket? を言えるようになってうれしいです。以前、この英語が口から出てこず、コンセントを連発して意味が通じなかったことがあるので助かります。決まり表現1では plug が名詞で、決まり表現23では plug が unplug the LAN cable と動詞として出ていました。Will you plug the plug into the socket? と言いますか?

先生：ちょっと同じ単語が続きますね。Will you plug the power cable into the socket?「電線をコンセントに差し込んでくれませんか?」の方が自然ですね。plug は「コードのプラグ」で power cable は「電線ケーブル」を意味します。plug は power cable の一部分ですね。

生徒：こういう役立つ表現が口から出てこないので、勉強しなくては！と思います。

先生：今日のレッスンは 語源から単語を覚える方法 「de」のお話で締めくくりますね。compressed「圧縮された」小さなファイルを decompress「解凍する」のは面倒ですね。接頭辞「de-」は、「分離」「下降」「否定」「反対」の意味があります。derail は「脱線する」、detour は「回り道」なども関連づけて覚えましょう。

脱線や回り道をせず、毎日コツコツ勉強しましょう！

Chapter 2

ミーティングの英語

Chapter 2-1
顧客とのミーティングの設定

重要表現※かっこの中の表現を使って、英語で練習しましょう。

>　　　　　英語で言ってみよう！

用件を言って相手の都合を聞く表現

1. 新しい製品についてお話しさせていただきたいのですが。(I'd like to + 動詞の原形)

2. 都合のよい日時を提案してくださいませんか？（propose a date and time）

3. いつご都合がよろしいですか？（would be a good time）

4. 明日のご予定はいかがですか？（plans for ～）

5. 来週の木曜日に打ち合わせができますか？
   （Can we + 動詞の原形 / arrange a meeting for ～）

相手に選択肢を与えて都合を聞く表現

6. あなたに火曜日か水曜日にお会いしたいのですが。(I'd like to + 動詞の原形)

7. 来週の火曜日と水曜日のどちらの方が、ご都合がよろしいですか？（Which day）

8. 来週の火曜日か水曜日に、私と会うスケジュールを入れてくださいませんでしょうか？（I was wondering if you could / schedule a meeting with ～）

都合を答える表現

9. 申し訳ございませんが、火曜日は都合がつきません。(make it)

10. 水曜日に都合をつけます。（manage that）

11. 火曜日の方がよいです。あなたのスケジュールに合わせられます。
    （suitable / arrange one's schedule around ～）

12. ご都合に合わせられます。（meet you at your convenience）

CD1-Track 33

ミーティング場所や時間を間違えることがないように、しっかり学習しましょう。

> 決まり表現をスラスラ言えるようになろう！

用件を言って相手の都合を聞く表現

1. **I'd like to** talk about our new product.
   注意) want to はカジュアルなので顧客との会話には×です。

2. Could you **propose a date and time** which is convenient for you?

3. When **would be a good time** for you?
   参考) would be を is に入れ替えると、ややカジュアルになります。

4. What are your **plans for** tomorrow? 参考) ややカジュアルです。

5. **Can we arrange a meeting for** next Thursday?
   参考) Can we はややカジュアルです。arrange の代わりに set up または fix up を使うと少しカジュアルになります。

相手に選択肢を与えて都合を聞く表現

6. **I'd like to** meet you on Tuesday or Wednesday.

7. **Which day** is more convenient for you, next Tuesday or Wednesday?

8. **I was wondering if you could schedule a meeting with** me next Tuesday or Wednesday.　丁寧な表現を Chapter 1-6 で復習しましょう。

都合を答える表現

9. I'm sorry, but I won't be able to **make it** on Tuesday.
   重要) make it は具体的には visit / come を意味します。

10. I can **manage that** on Wednesday.

11. Tuesday is more **suitable** for me. I can **arrange my schedule around** yours.

12. I'll **meet you at your convenience**.

> 英語で言ってみよう！

相手の希望時間を聞く表現

13. 火曜日に（私と会いたい）特にご希望のお時間はございますか？
（Is there any particular time 〜？）

14. 火曜日の午前9時から12時のご予定はいかがですか？
（What's your schedule like?）

相手に日時を指定して依頼する表現

15. 水曜日は遅くても11時半までに、こちらにお越しいただけますか？
（Do you think you could ＋動詞の原形 / be、arrive、get、come どれでも OK）

16. 水曜日は11時半までに、ここに来てください。（You need to ＋動詞の原形）

到着する時刻を告げる表現

17. 11時半頃に、そちらにお伺いします。
（will be there、will arrive there、will get there どれでも OK）

場所と時刻を指定する表現

18. The Hotel Embassy に11時半頃車でお迎えに行きます。（pick ＋人＋ up）

19. The Hotel Embassy のロビーで11時半頃にお会いしましょう。
（in the lobby of）

急用で約束をキャンセルする場合の表現

20. 大変申し訳ないのですが、急な出張が入ってしまいましたのでスケジュールをどうしても変更しなければなりません。（urgent business / come up）

21. 最後になってお約束をキャンセルして申し訳ございません。
（at the last moment）

CD1-Track 34

> 決まり表現をスラスラ言えるようになろう！

> 相手の希望時間を聞く表現

13. **Is there any particular time** you would like to meet on Tuesday?

14. **What's your schedule like** between 9:00 a.m. and 12:00 p.m. on Tuesday?

> 相手に日時を指定して依頼する表現

15. <u>**Do you think you could be**</u> here by 11:30 at the latest on Wednesday?
    参考）丁寧に依頼する表現 Chapter 1-5を参照しましょう。

16. **You need to** be here by 11:30 on Wednesday.
    注意）上司が部下に話す時など、やや命令口調です。

> 到着する時刻を告げる表現

17. **I'll get there** around 11:30.
    注意）will go there around 11:30は「11時半頃にはここを出ます」を意味するので×です。

> 場所と時刻を指定する表現

18. I'll **pick** you **up** at the Hotel Embassy around 11:30.

19. I'll see you **in the lobby of** the Hotel Embassy around 11:30.

> 急用で約束をキャンセルする場合の表現

20. I'm really sorry, but an **urgent business** trip has **come up**, so we are going to have to change our schedule.

21. I'm really sorry to cancel the appointment **at the last moment**.
    参考）at the last momentは「土壇場で」の意味もあります。

ビジネス場面実況中継

新製品について話すために営業担当者が顧客に電話でアポをしている場面です。

営業：Hello. This is Mariko Wadden from ABC Electronics. May I speak with Mr. Brian Green?
顧客：Speaking.
営業：Hello. I'm calling because I'd like to visit your office to talk about our new product. ⑧ I was wondering if you could schedule a meeting with me next Tuesday or Wednesday.
顧客：That's no problem. ⑩ I can manage that on Wednesday. ⑮ Do you think you could be here by 11:30 at the latest?
営業：Sure. ⑰ I'll get there around 11:30. I'll e-mail you with the details.

重要語句をチェック！

☐ schedule a meeting　ミーティングをスケジュールする

日本語訳

営業：もしもし。こちらABC電気の真理子ワデンです。ブライアン・グリーンさんとお話をさせていただいてもよろしいですか？
顧客：私ですが。
営業：こんにちは。御社へ伺い、弊社の新製品についてお話しさせていただきたく、お電話を差し上げています。⑧来週の火曜日か水曜日に私と会うスケジュールを入れてくださいませんでしょうか？
顧客：いいですよ。⑩水曜日に都合をつけます。⑮遅くても11時半までにこちらにお越しいただけますか？
営業：かしこまりました。⑰11時半頃にそちらにお伺いします。詳細に関してはEメールでお知らせします。

ビジネス英語講座実況中継

先生：Chapter 1-1で学習した電話の決まり表現「I'm calling because＋主語＋動詞」で電話の用件を話せるようになりましたね！

生徒：Chapter 1-5で学習した「I was wondering if you could＋動詞の原形」の丁寧な依頼表現も出ていますね。

先生：よく覚えていましたね。「Do you think you could＋動詞の原形？」も出ていますよ。もう一度 Chapter 1-5 を復習しましょう。

生徒：決まり表現17の注意）で I will go there around 11:30. は「11時半頃ここを出ます」を意味すると知って驚きました！
てっきり「11時半頃そちらに行きます」だと思っていました。

先生：日本人が間違いやすい表現 「I'll go there around＋時刻」の意味の確認と英作文の練習をしましょう。

日本語：私は3時頃にそちらにお伺いします。

　○ I will be there around 3.
　○ I will arrive there around 3.
　○ I will get there around 3.
　× I will go there around 3. →「3時頃ここを出ます」の意味になりま

す。時間を間違えると大変なことになります。

> 日本人が間違えやすい表現

「今日は予定が入っていますか？」の表現をチェックしましょう。
　○ Do you have any appointments today?
　× Do you have a schedule today? → 今日は予定を持っていますか？
の意味になってしまいます。

生徒：ところで make it の意味と使い方 について質問です。ダイアローグの顧客の最後から2つ目のセリフで I can manage that on Wednesday「水曜日に都合をつけます」と書かれていますが、I can make it on Wednesday. でも OK ですね。

先生：いえ、この場合は I can make it on Wednesday. は言えません。make it の解釈は、it が漠然とした目標をさしているため文脈によって異なります。
この場合の make it は visit に聞こえます。顧客が営業を visit（訪問する）のではなく、営業が顧客を visit（訪問する）のです。だから、この場合、顧客は I can make it on Wednesday は使えません。

生徒：な〜るほど。よくわかりました。

先生：この場合顧客は、OK, I'm free on Wednesday./ Wednesday's fine for me./ Wednesday sounds good. と答えても簡単でよいでしょう。

生徒：はい。I can make it. をよく耳にしますので、もっと教えてください。

先生：I can make it には「間に合う、（目的地に）たどり着く、出席する、うまくいく、成功する」などの意味があります。
口語表現で会話に頻繁に出てきます。状況に応じて、いろんな意味に使えます。

英作文でチェックしてみましょう。
「9時のミーティングに間に合います」は何と言いますか。

生徒：I can make it to the meeting at 9. ですか。

先生：はい、よろしい。「ミーティングに間に合いません」は何と言う？

生徒：I can't make it to the meeting.

先生：OK！　同僚から夕食に誘われて、「申し訳ないけど今夜は無理なんだ」

は何と言う？
生徒：I'm sorry, but I can't make it this evening.
先生：はい、よろしい！　あなたは将来、何になりたいですか？
生徒：My dream is to become an entrepreneur.
先生：あなたならきっとなれますよ！「あなたは起業家として成功するでしょう」は何と言う？
生徒：You will make it as an entrepreneur. ですか？
先生：「成せばなる！　あなたならうまくやれるよ」は何と言いますか？
生徒：If you try, you can make it. You can make it!
先生：すごい！ make it を使った英作文が全部できたね！
You made it!「よくやったね！」

Chapter 2-2
会議の手配と連絡

重要表現※かっこの中の表現を使って、英語で練習しましょう。

> 英語で言ってみよう！

> 会議手配の依頼表現

1. 地域マネージャーとの月例会議の手配を整えてくれませんか？
   （arrange a meeting / regional manager）

2. この会議は5月11日金曜日の午後2時から4時まで予定されています。
   （be scheduled for＋曜日＋月日＋時間）

3. 15人の参加者が座れる会議室を予約してくれませんか？（a room for ～）

4. 議事項目を準備して添付ファイルで送ってください。（agenda / attached file）

> 会議参加者への連絡とその返事の表現

5. 5月11日金曜日の午後2時から4時までのミーティングに参加してくれませんか？（participate in ～）

6. わかりました。会議をスケジュールに入れます。（schedule a time for ～）

7. 申し訳ないのですが、会議には参加できません。
   （won't be able to＋動詞の原形）

> 会議日時変更についてのお知らせとその返事の表現

8. 会議は、5月13日水曜日午後1時から3時までに変更になりました。
   （be rescheduled to ～）

9. わかりました。スケジュールの再調整をします。（rearrange）

10. 新しい議事日程を添付ファイルで送ります。（agenda / as an attached file）

会議の手配、特にスケジュール変更の場合などの表現をしっかり学びましょう。

> 決まり表現をスラスラ言えるようになろう！

> 会議手配の依頼表現

1. Can you **arrange a** monthly **meeting** with the **regional managers**?

2. This meeting **is scheduled for** Friday, May 11th from 2 to 4 p.m.
   参考) アメリカ英語では曜日・月日・時間の語順です。
   イギリス英語では曜日・日月・時間の語順です。

3. Would you reserve **a room for** 15 participants?

4. Please prepare the **agenda** and send it as an **attached file**.

> 会議参加者への連絡とその返事の表現

5. Can you **participate in** the meeting on Friday, May 11th from 2 to 4 p.m.?

6. Sure. I'll **schedule a time for** a meeting.

7. I'm afraid I **won't be able to** participate in the meeting.

> 会議日時変更についてのお知らせとその返事の表現

8. The meeting has **been rescheduled to** Wednesday, May 13th, from 1 to 3 p.m.
   参考) postpone until ～「(予定を) ～まで延期する」、change to ～「(予定を) ～に変更する」

9. OK. I'll **rearrange** my schedule.

10. I'll send you a new **agenda as an attached file**.
    参考) agenda には「議事日程」「予定」「スケジュール」の意味があります。

CD1-Track 37

ビジネス場面実況中継

電話で会議の日時変更を告げる場面です。

アキ子：Hello, this is Akiko speaking from head office. May I speak with Mike?
マイク：Hello. Speaking. How are you, Akiko?
アキ子：I've been keeping myself busy. I'm calling about the change of the meeting date and time. ⑧ The meeting has been rescheduled to Wednesday, May 13th, from 1 to 3p.m.
マイク：⑨ OK. I'll rearrange my schedule.
アキ子：⑩ I'll send you a new agenda as an attached file.

重要語句をチェック！

- ☐ keep oneself busy　忙しい
- ☐ be rescheduled　変更になる
- ☐ rearrange　組み替える
- ☐ agenda　議事項目
- ☐ attached file　添付ファイル

日本語訳

アキ子：もしもし、こちら本社のアキ子です。マイクとお話しできますか？
マイク：もしもし。僕ですよ。アキ子、元気にやってますか？
アキ子：このところ忙しいですよ。会議の日時変更のお電話を差し上げています。⑧会議は、5月13日の水曜日午後1時から3時までに変更になりました。
マイク：⑨わかりました。スケジュールの再調整をします。
アキ子：⑩新しい議事日程を添付ファイルで送りますね。

ビジネス英語講座実況中継

生徒：ここでも I'm calling about 〜 . の〜に用件を入れる電話の練習ができたので、苦手だった電話の会話に慣れてきたようです。

先生：よかったです！
スケジュール変更のダイアローグなので reschedule「スケジュールを変更する」とか rearrange「再調整する」が出ています。使いこなせるようになりましょう。

生徒：Chapter 1-4で教えてもらった接頭辞 re の4つの用法の 1. 後ろへ・戻って 2. 再び 3. 反対に 4. 強意 の2. 再びの用法ですね！

先生：はい、よろしい！ 少し余談ですが、イギリス英語では schedule を「シェジューウ」と発音する人が多いです！
ところで 日付の法則 があるのに気づきましたか？

生徒：Wednesday, May 13, from 1 to 3p.m のように「曜日・月日・時間」ですよね。これはアメリカ英語ですね。

先生：よく理解できましたね！イギリス英語では Wednesday, 13 May, from 1 to 3 p.m. です。月日のところが日月になります。いずれにしろ、一度覚えれば今度からは迷わずに順番通りに書けますね！

Chapter 2-3
会議の始め方と役割分担の発表

重要表現※かっこの中の表現を使って、英語で練習しましょう。

> 英語で言ってみよう！

会議を始める表現

1．お取り込み中すみません（お仕事中すみません）。（interrupt）

2．始めてもよろしいでしょうか？（Shall we + 動詞の原形 ?）

3．会議を始めたいと思います。（get started）

4．急な会議に参加してくださり、ありがとうございます。（on short notice）

会議の役割発表の表現

5．私が議長をします。（chair the meeting）

6．私が議長を務めます。（take the role of ～）

7．ガルシア氏が書記をします。（note-taker）

8．ガルシア氏が議事録をとります。（take the minutes）

9．ホワイトさんが時間を計ってくれます。（keep track of the time）

資料配布に関する表現

10．すべての資料を参加者全員に配ってくださいませんか？（distribute）

11．要点説明資料が、あなたのお手元に置かれています。（briefing materials）

しっかりした表現を身につけスムーズに会議が進むようにしましょう。

> 決まり表現をスラスラ言えるようになろう！

会議を始める表現

1. Sorry to **interrupt** you.
   重要）話し中や仕事に割り込む場合など、どんなシーンにも使えます。

2. **Shall we** start?　参考）Let's start. は断定的なので、この方が丁寧です。

3. I think we should **get started** now.

4. Thank you very much for participating in the meeting **on short notice**.　注意）on short notice の short の前に冠詞をつけないように。

会議の役割発表の表現

5. I'll **chair the meeting**.
   参考）lead the meeting は率先するイメージが強いです。

6. I'll **take the role of** chairperson.
   注意）play the role of〜「〜を演じる」は、役者ではないので×です。

7. Mr. Garcia will take the role of **note-taker**.

8. Mr. Garcia will **take the minutes**.
   注意）take a minute to「〜の時間を割く」と混同しないように！

9. Mr. White will **keep track of the time**.
   参考）be a time keeper でも OK です。

資料配布に関する表現

10. Would you **distribute** the materials to all the participants?
    参考）distribute の代わりに hand out「配布する」は口語的ですが入れ替え可能です。hand over「引き渡す」は×です。

11. The **briefing materials** are in front of you.

CD1-Track 39

ビジネス場面実況中継

　書記担当のジョニーが病欠の電話をしてきたので、リンダに書記担当の依頼をする場面。ここでは Would you mind ～ ing? の承諾の方法を復習しましょう。「英語で言ってみよう！」で覚えた distribute が使えるでしょうか？

マーク：① <u>Sorry to interrupt you.</u>
リンダ：No problem. What is it?
マーク：As you know, I'm ⑥ <u>taking the role of chairperson</u> in today's meeting.
　　　　Johnny called in sick just a few minutes ago. Linda, I know you are very good at taking accurate minutes. Yours are always very well organized. Would you mind being the ⑦ <u>note-taker</u>?
リンダ：Not at all. When do you need to have them typed and distributed by?
マーク：Will you be able to have them ready by Friday?
リンダ：Yes. I'll circulate them via e-mail on Friday.

重要語句をチェック！

☐ take the role of ～　～の役割をする
☐ call in sick　病欠の電話をする
☐ take accurate minutes　正確な議事録をとる
☐ organized　整理されている・まとまっている
☐ circulate　回覧する

日本語訳

マーク：①お取り込み中すみません（お仕事中すみません）。
リンダ：いいですよ。何ですか？
マーク：ご存じだと思いますが、今日のミーティングで、私は⑥議長を務めることになっています。
　　　　ジョニーが数分前に病欠の電話をしてきました。リンダ、私はあなたが

　　　　正確な議事録をとるのが上手だと知っています。あなたの議事録はいつも、よくまとまっています。⑦書記になってくれませんか？
リンダ：いいですよ。私は議事録をいつまでに、タイプして参加者に配布しなければなりませんか？
マーク：金曜日までに準備することは可能ですか？
リンダ：はい。金曜日にはＥメールで議事録を回覧できますよ。

ビジネス英語講座実況中継

先生：決まり表現で 日本人が間違えやすい表現 がありますが、覚えていますか？

生徒：はい。take the role of ～「～の役割をする（～を務める）」と play the role of ～「～の役割を演じる」、take the minutes「議事録をとる」と take a minute to ～「～の時間を割く」ですね。

先生：Good! ダイアローグ中の circulate「回覧する」を circle「円を描く」、distribute「配布する」を deliver「配達する」と言い間違えないように！次に hand out「配布する」と handout「配布物」のように イディオムが名詞なった例 を挙げますので覚えましょう。

| lookout「展望」 | takeout「お持ち帰り用の料理」 | buildup「増加」 |
| layout「配置」 | layoff「解雇」 | kickoff「開始」 | dropout「落伍者」 |

生徒：なるほど。ところで、マークがダイアローグで I'm taking the role of chairperson in today's meeting. と言っていますが、会議が始まっていないのになぜ現在進行形で、決まり表現の６. I'll take the role of chairperson. は、なぜ未来形なのですか？

先生：会議の初めの個人の役割紹介では、未来形を使います。
確定した近い未来は現在進行形 を使います。ダイアローグでは、今日ミーティングがあるので確定した近い未来ですね。
I'm having lunch after this lesson!
「このレッスンの後、ランチを食べます！」

Chapter 2-4
テレコンフェレンスの冒頭のあいさつ

重要表現※かっこの中の表現を使って、英語で練習しましょう。

> 英語で言ってみよう！

テレコンフェレンスの冒頭の表現

1. 万障お繰り合わせの上、ビデオ会議にご出席くださり、ありがとうございます。
   (make oneself available for / despite the great inconvenience)

2. 時差によりご不便をおかけしておりますことを理解しております。
   (inconvenience / cause / due to the time difference)

3. まず始めに出欠を取ります。(call the roll)

4. どうぞ名前、役職名、都市名を言ってください。
   (identify oneself by name, title, and city)

5. 誰が話しているかを他の参加者が知ることができます。(participant)

6. それから、発言する前に名前だけ言ってください。(say your name)

7. すでにEメールで本日の議事日程を受け取っていらっしゃると思います。
   (today's agenda)

8. これ以上遅れないように会議を進めたい（始めたい）と思います。
   (proceed with 〜 / without further delay)

9. 今日は、3つの議事項目があります。(three items on the agenda)

10. 最初の議題は販売カタログの作成方法についてです。
    (the first item on the agenda / compile)

経費節減のために、海外との会議は電話会議やビデオ会議が使用されるケースが増加しています。この冒頭のあいさつはテレコン会議以外にも役立ちます。

> 決まり表現をスラスラ言えるようになろう！

テレコンフェレンスの冒頭の表現

1. Thank you very much for **making yourself available for** this video conference **despite the great inconvenience**.
   参考）making yourself available for を participating in、または attending に入れ替え可能。

2. I understand the **inconvenience** this meeting has **caused** you **due to the time difference**.

3. First of all, I'll **call the roll**.

4. Please **identify yourselves by name, title, and city**.
   参考）ident「同じ」＋ ify「〜にする」→「確認する」です。名詞は identification「身分証明書」。

5. Other **participants** can know who is talking.

6. After that, just **say your name** before you speak.

7. I believe you've already received **today's agenda** by e-mail.

8. Let's **proceed with** the meeting **without further delay**.

9. There are **three items on the agenda** today.

10. **The first item on the agenda** is how to **compile** our sales catalogue.

CD1-Track 41

ビジネス場面実況中継

ビデオ会議で議長が冒頭のあいさつをし、参加者が自己紹介をする場面です。

議長： Hello, this is Hiroshi Hayashi, Tokyo regional manager. ① Thank you for making yourself available for this video conference despite the great inconvenience. I'll be chairing the meeting today. Mr. Turner from the tickets section will be taking the minutes and Alison from the book section will be the time keeper.
② I understand the inconvenience this meeting has caused you due to the time difference.
⑧ Let's proceed with the meeting without further delay.
⑦ I believe you've already received today's agenda by e-mail.
⑩ The first item on the agenda is how to compile our sales catalogue.
③ First of all, I'll call the roll, and ④ please identify yourselves by name, title, and city. Ms. Nancy Smith.

スミス氏： Yes. I'm Nancy Smith, the manager of the Vancouver Branch of Canadian Travel.

重要語句をチェック！

- ☐ regional 地域の
- ☐ inconvenience 不便・迷惑
- ☐ chair the meeting ミーティングの議長を務める
- ☐ take the minutes 議事録をとる
- ☐ proceed with ～ ～を進める
- ☐ without further delay これ以上遅れることなく
- ☐ compile 編集する・作成する
- ☐ identify oneself 名乗る
- ☐ title 役職

日本語訳

議長： こんにちは、東京地区マネージャーの林広士です。
①万障お繰り合わせの上、ビデオ会議にご出席くださり、ありがとうございます。
本日は私が議長を務めさせていただきます。チケット部のターナーが議事録をとります。本部門のアリソンがタイムキーパーを務めます。
②時差によりご不便をおかけしておりますことを理解しております。
⑧これ以上遅れないように会議を進めたい（始めたい）と思います。
⑦すでにＥメールで本日の議事日程を受け取っていらっしゃると思います。
⑩最初の議題は販売カタログの作成方法についてです。
③まず始めに出欠を取りますので④どうぞ名前、役職名、都市名を言ってください。ナンシー・スミスさん、どうぞ。

スミス： はい。私は Canadian Travel、Vancouver 支店のマネージャーのナンシー・スミスです。

ビジネス英語講座実況中継

先生：テレコンフェレンスの始め方がわかりましたか？
生徒：はい。会議途中で抜ける場合の表現 を教えてください。
先生：ノートに書いてください。これはどの会議でも必要ですね。会議の前に議長に伝えておきましょう。
①2時半頃、抜けなければなりません。
I'll have to leave around half past two.
②途中で抜けなければなりません。
I may need to leave in the middle of the conference.
次に 「万障お繰り合わせの上」 を意味する表現 を覚えましょう。
時差があるので、議長は despite the great inconvenience（万障お繰り合わせの上）とあいさつをしています。
生徒：Thank you very much for taking the time to teach me Business English despite the great inconvenience.
先生：この場合の despite the great inconvenience は大げさです（笑）。

113

Chapter 2-5
会議の目的・意見を求める、賛成する

重要表現※かっこの中の表現を使って、英語で練習しましょう。

> 英語で言ってみよう！

会議の目的と草案を示す表現

1. 本日検討する項目は2つあります。（agenda item / cover）

2. 各項目を45分ずつ話し合う予定です。（be allocated to ～）

3. お配りしているアジェンダに沿って進めたいと思います。
   （proceed with the meeting / according to the agenda）

4. <u>最初の議題は、支社と主要店舗を香港に開設すべきかどうかについてです。</u>
   （first item on the agenda / whether or not / flagship store）

5. 予算案について話し合うためにお集まりいただきました。
   （We're here to ＋動詞の原形）

6. 在庫が積み上がっている問題の解決策をまとめるために、お集まりいただきました。（inventory buildup）

7. このミーティングの目的はウェブサイトについて話し合うことです。
   （The purpose of this meeting）

8. ディスカッションを始めるために、この草案を用意しました。
   （prepare / draft / get our discussion started）

意見を求める表現

9. オンラインビジネスについて、どのような意見をお持ちですか？
   （What's your opinion on ～?）

円滑に会議を進め、上手に意見を求められるようになりましょう。

> 決まり表現をスラスラ言えるようになろう！

会議の目的と草案を示す表現

1. We have two **agenda items** to **cover** today.

2. 45 minutes **is allocated to** each item.
   注意）45 minutes を1つとして考えるので単数扱いします。

3. We'd like to **proceed with the meeting according to the agenda** distributed to you.

4. The **first item on the agenda** is **whether or not** to open a branch office and a **flagship store** in Hong Kong.

5. **We're here to** discuss our budget plan.

6. We're here to work out the problem of **inventory buildup**.

7. **The purpose of this meeting** is to discuss our website.

8. I've **prepared** this **draft** to **get our discussion started**.

意見を求める表現

9. **What's your opinion on** online business?

英語で言ってみよう！

10. ドイツ進出について、どのようなご意見をお持ちですか？
　　（What do you think of 〜または about 〜 / expand to 〜）

11. ベトナム市場については、どのようなお考えですか？
　　（How do you feel about 〜 ?）

12. ドイツでこのような販売戦略はどうでしょうか？
　　（How would you view 〜 ?）

13. ジョイントベンチャーについての（あなたの）ご意見を聞きたいと思います。
　　（I'd like to hear your thoughts on 〜）

14. 健康食品についてのご意見をお聞かせ願えればと思います。
　　（I'd be grateful for your input on 〜）

15. 香港に主力店舗をオープンすることについてのご意見をいただきたいです。
　　（I'd like to get your recommendation on 〜）

賛成意見を述べる表現

16. 私の意見は佐藤さんと同じです。（have the same opinion as 〜）

17. 私はベトナムに進出する考えに賛成です
　　（support the idea of 〜）

18. 私は香港支社をオープンする考えに賛成です。（agree with the idea of 〜）

19. 私は大賛成です。（couldn't agree more with 〜）

20. 私は運送会社を変更するアイデアに大賛成です。
　　（be all for the idea of 〜）

決まり表現をスラスラ言えるようになろう！

10. **What do you think about expanding to** Germany?
    注意）How do you think about /of は考える手段を聞いているようなので×。How do you feel about that? なら OK です。

11. **How do you feel about** the Vietnamese market?

12. **How would you view** a sales strategy like this in Germany?
    参考）実現していないことを質問する場合は would を使います。

13. **I'd like to hear your thoughts on** joint ventures.

14. **I'd be grateful for your input on** health food.

15. **I'd like to get your recommendation on** opening a flagship store in Hong Kong.

賛成意見を述べる表現

16. I **have the same opinion as** Mr. Sato.

17. I **support the idea of** expanding to Vietnam.

18. I **agree with the idea of** opening a branch office in Hong Kong.
    agree の前に absolutely や completely を使うと、全面的に賛成する表現です。

19. I **couldn't agree more with** it.

20. I **am all for the idea of** changing transportation companies.

ビジネス場面実況中継

香港に支社と主要店舗を開設することについてのミーティングの場面。会議の目的を述べる表現、意見を求める表現、賛成する表現が使われているのでしっかり身につけましょう。

議長： ④ The first item on the agenda is whether or not to open a branch office and a flagship store in Hong Kong.
Mr. Sato, ⑬ I'd like to hear your thoughts on this.

佐藤： ⑱ I agree with the idea of expanding to Hong Kong. Prime location stores attract customers. It'll be expensive at first, but it'll make great profits in the future.

スミス： ⑯ I have the same opinion as Mr. Sato, because many of our clients are based in mainland China, Hong Kong and Taiwan, so we'll have better access to the companies we regularly deal with.

チェン： We could also reduce traveling costs! ⑲ I couldn't agree more with it.

重要語句をチェック！

- flagship store　主要店舗
- expand to ～　～へ進出する
- make profits　利益が出る
- have better access to ～　～にアクセスしやすい

2・ミーティングの英語

日本語訳

議長： ④最初の議題は支社と主要店舗を香港に開設すべきかどうかについてです。佐藤さん、これに⑬ついての（あなたの）ご意見を聞きたいと思います。

佐藤： ⑱私は香港に進出する考えに賛成です。主要な場所にあるお店は顧客を引き寄せます。最初は費用がかさみますが、将来的には利益を生み出せるでしょう。

スミス： ⑯私の意見は佐藤さんと同じです。なぜなら、私たちの顧客の会社の多くは中国本土、香港そして台湾を拠点としています。だから、定期的に取引する顧客の会社とアクセスしやすくなるのです。

チェン： 私たちは交通費も削減できますね。⑲私は（この提案）に大賛成です。

ビジネス英語講座実況中継

生徒： え～！ 最後の文の I couldn't agree more with it. の意味は大反対だと思っていました。

先生： 日本人が間違いやすい表現 次の2文を比べてみましょう！
　① I couldn't agree more with it .「大賛成です」
　② I couldn't agree with it any more.「もはや賛成できませんでした」

生徒： more と any more では、こんなにも違うのですね！

先生： I couldn't be happier.「最高に幸せです」も覚えましょう！

生徒： flagship store はムズカシイ～単語ですね。

先生： flagship の意味 を説明しましょう。昔、主要な船は flag「旗」をつけていました。だから flagship は「主要船」を意味します。そのように考えると、flagship が「主要な」を意味することがわかるでしょう。

生徒： このように覚えれば楽しいですね！　I couldn't be happier!

先生： 小規模のミーティングなどで賛成する「意見が一致しています」のカジュアルな表現 を紹介しましょう。
　① We are on the same page.
　② We see eye to eye on this.
　③ We are on the same wavelength.

Chapter 2-6
反対意見を述べる・脱線を元に戻す

重要表現※かっこの中の表現を使って、英語で練習しましょう。

> 英語で言ってみよう！

反対意見を述べる表現

1. 私は出張旅費削減に反対です。(be against the idea of ～)

2. 私は海外アウトソーシングに反対です。(disagree with ～)

3. 私はインドにアウトソーシングすることに関して、異なった見解を持っています。
   (have a different perspective on ～)

4. 私は流通経路を変更する考えに反対です。(be opposed to the idea of ～)

5. 私は下請け業者を使う提案に反対です。
   (object to one's proposal to ＋動詞の原形 / subcontractor)

6. 私の考えは異なります。というのは、現存する顧客に焦点を当てることで売上を伸ばせると思うからです。
   (be different from ～ / focus on ～ / existing customers)

7. プロジェクトに反対なのは、費用がかかりすぎるからです。(My objection to ～)

部分的に賛成し反対意見を述べる表現

8. それは良いアイデアですが、予算を超えます。
   (That's a good idea, but 主語＋動詞)

9. 概してあなたのおっしゃることは正しいのですが、しかしながら、私の意見は少し違います。(By and large / be different from ～)

10. あなたの言うことに一理ありますが、申し訳ないけれど賛成できません。
    (You have a point there, but I'm afraid)

CD1 –Track 45

Chapter 2-5で賛成意見の表現は身につきましたか？ 反対意見を述べる表現を学びましょう。

> 決まり表現をスラスラ言えるようになろう！

反対意見を述べる表現

1. **I'm against the idea of** reducing travel costs.

2. **I disagree with** offshore outsourcing.
   注意）disagree with は強い印象を与える。disagree の前に completely や entirely を入れるとさらに強くなり、全面的に反対の意味を持ちます。

3. **I have a different perspective on** outsourcing to India.

4. **I'm opposed to the idea of** changing distribution channels.

5. **I object to your proposal to** use a **subcontractor**.
   参考）subcontractor と outsourcing company は同じです。

6. My opinion **is different from** yours because we can increase sales by **focusing on existing customers**.

7. **My objection to** the project is it costs too much.
   注意）objection「異議」と object「目的」を言い間違えないようにしましょう。

部分的に賛成し反対意見を述べる表現

8. **That's a good idea, but** it's beyond our budget.

9. **By and large,** what you say is right; however, my opinion **is** a little bit **different from** yours.

10. **You have a point there, but I'm afraid** I can't agree with that.

> 英語で言ってみよう！

11. それはある程度理解できますが、それには欠点があるようです。
（I can understand that to some extent, yet ～ / drawback）

12. それはある程度あたっているかもしれませんが、従業員教育を実施しなければなりません。（that's true to a certain extent, but ～）

13. あなたの言ったことに部分的には賛成ですが、私たちは最悪の事態に備えなければならないのです。
（agree with part of what you say; however, ～）

14. 私はあなたの言った最初の点に賛成です。しかしながら、日本は自然災害によく見舞われるのです。
（agree with the first point you made; however, ～）

15. パートタイム労働者に関しては、私は少し異なった見方をしています。
（regarding / see it slightly differently）

> 脱線を元に戻す表現

16. 中断させて（割り込んで）申し訳ありませんが、トピックからそれないようにお願いします。
（interrupt / keep to the topic）

17. あなたの発言は脱線しているようです。（seem to / be off track）

18. その件は今は置いておきましょう。（put aside）

19. 話を元に戻してくれませんか？（get back to the point）

CD1-Track 46

> 決まり表現をスラスラ言えるようになろう！

11. **I can understand that to some extent, yet** there seems to be a **drawback** to it.

12. **That's true to a certain extent, but** we should provide employee training.
    注意）employee education は「社員教育」を意味しません。「基礎的な教育」を意味します。

13. <u>**I agree with part of what you say; however,** we have to prepare for the worst.</u>

14. <u>**I agree with the first point you made; however,** Japan is often hit by natural disasters.</u>

15. **Regarding** the part-time workers, **I see it slightly differently**.

> 脱線を元に戻す表現

16. <u>I'm sorry to **interrupt** you, but please **keep to the topic**.</u>

17. What you're saying **seems to be off track**.

18. Let's **put** that **aside** for now.

19. Could you **get back to the point**?
    注意）go back to the point とは言いません。

123

CD1-Track 47

ビジネス場面実況中継

インドにアウトソーシングすることについて賛否両論を述べ合っているが、途中で話が脱線するので元に戻そうとする場面です。Chapter 5-7も勉強しましょう。

グリーン： I support the idea of outsourcing to India, because it's cost-effective. Labor costs are low.

川田： ② I disagree with it for two reasons. First of all, we should give job opportunities to unemployed Japanese people. The second reason is that the quality of our products may deteriorate due to outsourcing.

グリーン： ⑭ I agree with the first point you made, because many Japanese are unemployed now; ⑭ however, Japan is often hit by natural disasters, so ⑬ we have to prepare for the worst. Offshore outsourcing is important.

川田： I like Indian people very much. They call me "Hero".

グリーン： That's funny! Your first name "Hiro" sounds like the English word "Hero". I'm interested in Chinese characters. I'm also interested in your family name.

議長： ⑯ I'm sorry to interrupt you, but please keep to the topic.

重要語句をチェック！

- outsource to ～　～に外注する
- cost-effective　費用効率が良い
- deteriorate　低下する
- be hit by ～　～に見舞われる
- natural disaster　自然災害
- prepare for the worst　最悪の事態に備える
- offshore outsourcing　海外アウトソーシング

日本語訳

> グリーン： 私はインドにアウトソーシングする考えに賛成です。なぜならば費用効率が良いですし、人件費が安いです。
> 川田： ②私は反対です。それには理由が2点あります。まず第1に、失業している日本人に仕事を与えるべきです。2つ目の理由は、アウトソーシングのために製品の品質が低下するかも知れないということです。
> グリーン： ⑭私はあなたの言った最初の点に賛成です。というのは、現在多くの日本人が失業中だからです。⑭しかしながら、日本は自然災害に見舞われますので⑬私たちは最悪の事態に備えなければならないのです。海外アウトソーシングは大切です。
> 川田： 私はインドの人が大好きです。私のことをヒロと呼んでくれます。
> グリーン： それは面白いですね！あなたの名前ヒロは英語では「英雄」に聞こえます。私は漢字に興味があります。私はあなたの苗字にも興味があります。
> 議長： ⑯中断させて（割り込んで）申し訳ありませんが、トピックからそれないようにお願いします。

ビジネス英語講座実況中継

先生：反対意見を述べる表現が身につきましたか？
生徒：決まり表現8～15の、部分的に賛成し反対意見を述べるのがとても役立ちました。相手に不愉快な思いをさせず反対意見を言えますね。
先生：そうですね。 ミーティングで潤滑油的な役割をする表現 8. That's a good idea, と 10. You have a point there, がとても大切です。会話を円滑に進める表現をしっかり身につけましょう。
生徒："China Plus One" が注目を浴びているので、興味深い実況中継場面でした。
先生：インド人が数学に強いのは知っていますね。厳格なカースト制度 (caste system) が原因で貧富の差が大きいので、ビジネスをする上でも階級制度（hierarchical system）が残っています。
生徒：だから仕事上、上下関係（vertical relationships）をはっきりしなければならないのですね。相手の文化を知ることは大切です。
先生：**You have a good point!**

Chapter 2-7
明確にする・訂正する・話題を変える

重要表現※かっこの中の表現を使って、英語で練習しましょう。

> 英語で言ってみよう！

明確な説明を求める表現

1. あなたのポイントを明確にしていただけませんか？（clarify）

2. その件に関して、もっと具体的に話してくださいませんか？
 （be more specific on ～）

3. それが何を意味するのか説明してくださいませんか？（what you mean by ～）

4. それについて、もっと詳しく説明してくださいませんか？（spell out）

5. もう一度、詳しく説明していただけませんか？（elaborate on ～）

6. それについて、もっと詳しく説明してくれませんか？（explain / in more detail）

7. さらに詳しい説明を伺いたいです。（need / further explanation）

誤解を解き明確にするための表現

8. 付け加えてもよろしいですか。（add something）

9. もう一度、この点を繰り返したいと思います。（go over）

10. 私はその誤解を正したいと思います。（set things straight）

11. 私は言ったことを撤回します。言い換えさせてください。
 （take back ～ / rephrase）

会議で誤解をなくし円滑に議事進行するために大切な表現を学びましょう。

> 決まり表現をスラスラ言えるようになろう！

明確な説明を求める表現

1. Could you **clarify** your point?
   参考) clarify は clear の動詞形で頻度が高いです。

2. Could you **be more specific on** the matter?
   参考) specific の名詞は specifications「詳細・仕様」。

3. Could you explain **what you mean by** that?
   注意) Could you explain yourself は「弁明してくださいますか？」なので×。

4. Could you **spell** it **out** for me?
   参考) spell out には「スペリングを言う」「ものを略さずに書く」の意味もある。

5. Could you **elaborate on** that?

6. Could you **explain** that **in more detail**?
   参考) explain に about は不要です。

7. I **need** some **further explanation**.

誤解を解き明確にするための表現

8. May I **add something**?

9. I think we should **go over** this point again.

10. I'd like to **set things straight**.
    「誤解を正す」は「物をストレートにセットすること」と覚えましょう。

11. I **take back** what I said. Allow me to **rephrase** that.

> 英語で言ってみよう！

12. 誤解があるようです。その点を明確にさせてください。
（seem to / misunderstanding / clarify）

13. すみません。私は明確に話せていません。具体的には、私たちの新製品をテストマーケットするべきなのです。
（make myself clear / To be more specific）

> 誤りを訂正する表現

14. 申し訳ありませんが、間違った数字をお伝えしたようです。（give incorrect 〜）

15. それは私の見落としです。訂正させていただきます。
（oversight on my part / correct）

> 相手の言っていることを確認する表現

16. あなたの質問を理解しているかどうか、もう一度確認させてください。
（I'd like to make sure ＋ (that) ＋ 主語 ＋ 動詞）

17. 顧客でない人のフィードバックに基づいて商品を開発するべきだと理解してよろしいですか？（Am I right in understanding (that) ＋ 主語 ＋ 動詞？）

18. 作業のスケジュールが予定より早く進んでいるということですか？
（Is it correct to say (that) ＋ 主語 ＋ 動詞？）

19. あなたがおっしゃっていることのポイントは、私たちが対象顧客を知るべきだということですね。（What you're saying / target customers）

> 話題を変える表現

20. この時点でトピックを変えて、在庫コントロールについて話し合いたいと思います。（I'd like to change the topic / inventory control / at this point）

21. おそらくこの時点で、ブランド認知の重要性について話し合う必要があります。
（Maybe we need to talk about 〜 / at this point）

> 決まり表現をスラスラ言えるようになろう！

12. There **seems to** be a **misunderstanding**. Let me **clarify** that.
    参考）seem を加えることによって柔らかい表現になります。

13. I'm sorry, I'm not **making myself clear**. <u>**To be more specific**</u>, we should test-market our products.

> 誤りを訂正する表現

14. I'm sorry I **gave** you an **incorrect** figure.
    重要）incorrect figure の figure の部分は information などの単語に置き換え可能です。

15. That was an **oversight on my part**. I'll **correct** it.

> 相手の言っていることを確認する表現

16. **I'd like to make sure** I understand your question.

17. **Am I right in understanding** we should develop our products based on non-customers' feedback?
    参考）状況に応じて understanding を thinking または assuming などに入れ替え可能です。

18. **Is it correct to say** the work is ahead of schedule?

19. **What you're saying** is that we should know our **target customers**.

> 話題を変える表現

20. **I'd like to change the topic** and talk about **inventory control at this point**.

21. <u>**Maybe we need to talk about**</u> the importance of brand recognition **at this point**.
    参考）Maybe を文頭に置くと、柔らかな嫌味のない表現になります。

ビジネス場面実況中継

　新会社にとって売上はとても大切ですね。大きなディスカウントストアを通して薄利多売するのと、ブランド構築をして品質の良い商品を高い価格で新しい市場を開拓して販売するのでは、どちらがよいでしょうか？　絶対に必要なビジネス知識5-2を勉強してから学習しましょう。ブランド認知の重要性について学習しましょう。

ホワイト： I agree with the proposal to sell our products through the large discount stores. I like the idea of small profits, large returns. If many customers use our products, we can increase our sales through word-of-mouth.

グリーン： Word-of-mouth advertising is very important. You have a point there, but I can't agree with the idea. Our company is only three years old, but we can be proud of our high-quality durable products. I think, first of all, we should build our own brand.

議長： Ms. Green, ① <u>could you clarify your point?</u>

グリーン： ⑬ <u>To be more specific,</u> I believe that we should develop our own brand to tap into a new market. Brands provide customers with confidence. I'm sure successful brands can maintain high prices and increase sales.

ホワイト： ⑰ <u>Am I right in understanding</u> that our products are targeted at high-income customers?

グリーン： Not necessarily. ㉑ <u>Maybe we need to talk about the importance of brand recognition at this point.</u>

重要語句をチェック！

- durable　耐久性のある　　□ clarify　明確にする
- specific　具体的な　　□ tap into ～　～に進出する
- be targeted at ～　～をターゲットにする
- brand recognition　ブランド認知

日本語訳

> ホワイト：大きなディスカウント店を通して我社の商品を販売する提案に賛成です。私は薄利多売のアイデアが好きです。多くの顧客が私たちの商品を使えば、私たちは口コミで売上を伸ばせるでしょう。
>
> グリーン：口コミ宣伝はとても重要です。あなたの言うことには一理ありますが、賛成できません。わが社はまだ創立3年ですが、高品質の耐久性のある商品に自信があります。私は、まず初めにブランドを構築しなければならないと思います。
>
> 議長：グリーンさん、①あなたのポイントを明確にしてくれませんか？
>
> グリーン：⑬具体的には、新しい市場に参入するためにはブランドを構築しなければならないと思います。ブランドは顧客に信頼感を与えます。私は、成功する（良い）ブランドが高い価格を維持し売上を伸ばすのだと思います。
>
> ホワイト：私たちの商品は高所得者層をターゲットにしていると⑰理解してよろしいですか？
>
> グリーン：必ずしもそうではありません。㉑おそらくこの時点で、ブランド認知の重要性について話し合う必要があります。

ビジネス英語講座実況中継

生徒：「明確な説明を求める表現」の Could you clarify your point? とか、「明確に話す表現」の To be specific とかが、スラスラと言えそうです。

先生：わからない時は知ったふりをしないで確認することも大切です。

生徒：Am I right in understanding 〜の表現が使えるようになりました。

先生：相手の気分を害さぬように使う seem と Maybe も身につけましょう。誤解がある場合は There is a misunderstanding. を seem to 〜を使い、There seems to be a misunderstanding. と言うと、柔らかい表現になります。「トピックを変えたい場合」は Maybe we need to talk about 〜のように、Maybe を入れることでやさしい表現になります。ただし、意見を述べる際に Maybe を使いすぎるのはよくないです。

Chapter 2-8
妥協案を促す・冷静に話し合う

重要表現※かっこの中の表現を使って、英語で練習しましょう。

英語で言ってみよう！

割り込み発言を止める表現

1. あなたの発言はとても役立ちますが、グリーン氏が発言する番です。
   (helpful / turn to speak)

2. 彼の発言を最後まで聞きましょう。(hear 人 out)

3. 1人ずつ話してくださいませんか。(speak one at a time)

興奮している発言者をなだめる表現

4. お互いに攻撃はやめましょう。(try not to attack each other)

5. これは勝ち負けの問題ではありません。どうぞ落ち着いてください。
   (win or lose situation / calm down)

6. どうぞ声を小さくしてください。(keep one's voice down)

7. 論理的になってください。(be logical)

最後まで話す許可を求める表現

8. 私は、これは論理的なポイントだと信じています。最後までお話しさせていただきたいです。(be allowed to finish speaking)

妥協案を促す表現

9. 自分たちの意見に固執しては交渉は前に進みません。
   (negotiation / go ahead / stick to ~)

10. この問題を解決する最良の方法は互いに協力することです。(work together)

Compromise is the best friend! 冷静に会議を進行できるようになりましょう。

2・ミーティングの英語

| 決まり表現をスラスラ言えるようになろう！ |

| 割り込み発言を止める表現 |

1. Your opinions have been very **helpful**, but it's Mr. Green's **turn to speak**.

2. Let's **hear** him **out**.

3. Could you **speak one at a time**?

| 興奮している発言者をなだめる表現 |

4. Let's **try not to attack each other**.

5. This isn't a **win or lose situation**; please **calm down**.

6. Please **keep your voice down**.

7. Please **be logical**.

| 最後まで話す許可を求める表現 |

8. I believe this is a logical point. I'd like to **be allowed to finish speaking**.

| 妥協案を促す表現 |

9. Our **negotiations** won't **go ahead** if we just **stick to** our opinions.

10. The best way to solve this issue is to **work together**.

| 英語で言ってみよう！ |

11. 歩み寄る余地はないのでしょうか？（room for compromise）

12. <u>私たちは妥協点を見出さなければなりません。</u>（reach a compromise）

13. 私たちは第3の選択肢を見つけるべきです。（a third alternative）

14. 私たちは妥協をしなければなりません。（come to the middle ground）

15. 妥協案を提案させてください。（compromise）

16. この点で妥協しましょう。（meet halfway）

17. この点まで妥協してくれませんか？（as far as this）

18. この点に関しては受け入れるとしても、次の点ではあなたに受け入れていただかなければなりません。
（Even if ＋ 主語 ＋ 動詞 / compromise with 　〜）

| 休憩を提案する表現 |

19. さあ、15分間の休憩をしましょう。（Let's ＋ 動詞の原形）

20. <u>10分間の休憩を取った方がよいでしょう。</u>
（Perhaps / we should ＋ 動詞の原形）

> 決まり表現をスラスラ言えるようになろう！

11. Isn't there any **room for compromise**?
　　参考）room「余地」（不可算名詞）をしっかり覚えましょう。a room「部屋」（可算名詞）と間違えないように。

12. We should find a way to **reach a compromise**.
　　参考）reach a decision、reach a conclusion「結論に達する」、reach an agreement「妥協する・見解が一致する」

13. We should find **a third alternative**.

14. We have to **come to the middle ground**.
　　参考）middle ground には「妥協案」「中立の立場」の意味もあります。

15. Please allow me to suggest a **compromise**.

16. Let's **meet halfway** on this point.
　　参考）meet halfway は compromise より口語的です。

17. Could you compromise **as far as this**?

18. **Even if** we accept this point, we must ask you to **compromise with** the next one.

> 休憩を提案する表現

19. **Let's** take a 15-minute break.
　　参考）Shall we 〜より Let's 〜の方が断定的です。
　　注意）break「休憩」を rest「休養」と言い間違えないように。

20. **Perhaps we should** take a 10-minute break.
　　参考）Perhaps を加えることで優しい提案になります。

ビジネス場面実況中継

会社の吸収合併から1年が過ぎマニュアルなどを作成し軌道に乗ってきました。日本企業で研究開発費と広告宣伝費の予算を話し合っている場面です。興奮している人をなだめ妥協を見出す発言方法を覚えましょう。Chapter 5-6を勉強してからダイアローグを学習しましょう。円・ドルの関係についても話せるようになります。

議　長： One year has passed since the merger took place. At first, there were many problems, but we managed to solve them by making manuals.
We're here to talk about the fiscal budget.
First of all, I'd like to hear your thoughts on this.

研究開発部長：I propose that advertising expenses should be reduced
（ジャクソン氏） by 15%, and R&D expenses should be increased by 30%. Our income from technology exports has increased in spite of the strong yen. We had a high ROI.

広告宣伝部長：(Interrupting) I completely disagree with Mr. Jackson's
（森氏） idea.
I think advertising expenses should be increased and R&D expenses should be reduced.
Advertising plays an important role in selling products.

議　長： Ms. Mori, ⑤ this isn't a win or lose situation; please calm down.
⑫ We should find a way to reach a compromise.

······ After a heated discussion ······

⑳ Perhaps we should take a 10-minute break.

重要語句をチェック！

□ merger　合併　　□ take place　起こる　　□ fiscal budget　年度予算
□ in spite of　〜にかかわらず　　□ technology exports　技術輸出
□ ROI (Return On Investment)　投資収益率
□ reach a compromise　妥協する

日本語訳

議　長：	合併してから１年が過ぎました。最初は多くの問題点がありましたが、マニュアルを作成することによって解決しました。 今日は年度予算を決定するためにお集まりいただきました。 まず皆さんのお考えを聞きたいです。
研究開発部長： （ジャクソン氏）	私は広告費を１５％削減して、研究開発費を３０％増加させることを提案します。技術輸出の収入は円高にもかかわらず増加しました。投資収益率は高かったです。
広告宣伝部長： （森氏）	（割り込んで）私はジャクソン氏の考えに絶対に反対です。広告費を増加し、研究開発費を削減すべきだと思います。 広告は商品を販売するのに重要な役割を果たしています。
議　長：	森さん、⑤これは勝ち負けの問題ではありません。どうぞ落ち着いてください。 ⑫私たちは妥協点を見出さなければなりません。

……白熱した議論の後で……

⑳１０分間の休憩を取った方がよいでしょう。

ビジネス英語講座実況中継

先生：会議では、主張することと同様に妥協する（compromise）ことも大切です。**語源から単語を覚える方法**から説明すると compromise ＝ com「共に」＋ promise「約束する」＝「意見が対立する両者が歩み寄り妥協する」です。

生徒：ところで 円高では輸出は困難になりますが、R&D が生み出した技術輸出（technology exports）は円高にもかかわらず増加するのですね？

先生：優秀な技術輸出だからです！　今日のレッスンの最後ですが、**日本人が間違いやすい表現**の break「休憩」と rest「休養」を言い間違えないようにしましょう。それではこのへんで Perhaps we should take a 10-minute break.

生徒：OK. 最近、残業で疲れているので、I need a rest on weekends.「週末には休養が必要です！」

Chapter 2-9
ブレスト・意見を述べる

重要表現※かっこの中の表現を使って、英語で練習しましょう。

| 英語で言ってみよう！ |

ブレストを促す表現

1. さあ、15分間のブレストをしましょう。(have a brainstorming session)

2. どんなアイデアでも出してください。(toss around some ideas)

3. 批判的なコメントは認められません。(judgmental comments)

意見を述べる表現

4. 大切な点は、顧客層に注意するべきであるということです。
   (The point is / customer segment)

5. 私が言いたいのは、広告費を増やすべきだということです。
   (What I'd like to emphasize is ～)

6. 販売戦略を考え直すべきだということは間違いありません。
   (there's no doubt (that) + 主語 + 動詞)

7. 私はフォーカスグループの意見に耳を傾けることが大切だと思います。
   (I'm certain (that))

8. 私は1,000円以上の購入については配送料を無料にするべきだと思います。
   (I'm convinced (that) / free shipping)

9. 私は価格を再検討すべきだと思います。(believe / reconsider)

ブレストでは自由に意見交換する中でクリエイティブなアイデアが生まれてくるのです。Let's think outside the box. 型にはまった考えから抜け出してクリエイティブになりましょう。

| 決まり表現をスラスラ言えるようになろう！ |

ブレストを促す表現

1. Let's **have a brainstorming session** for 15 minutes.

2. You can **toss around some ideas.**

3. **Judgmental comments** won't be permitted.

意見を述べる表現

4. **The point is** that we should be careful about our **customer segment**.

5. **What I'd like to emphasize is** that the advertising budget should be increased.

6. **There's no doubt** we should reconsider our sales strategy.

7. **I'm certain** we should listen to the opinions of focus groups.

8. **I'm convinced** we should give customers **free shipping** if they purchase goods worth more than ¥1,000.

9. **I believe** we should **reconsider** our prices.

| 英語で言ってみよう！ |

10. 私は、商品の品質を強調するために競合相手よりも価格を高く設定すべきだと感じます。（It seems to me that / set the prices higher）

11. 私は、最初の価格から30％割り引くべきだと思います。（think / should）

12. 私は、割引率を見直すべきだと思います。
（think / should / discount percentage）

13. <u>私は、この戦略はうまくいくと思います。</u>（think / will）

14. 私は、このインスタントフードはベトナムでよく売れるかもしれないと思います。（think / would）

15. 私は、塩味を10％減らしてみた方がよいかもしれないと思います。
（feel / should）

16. 私は、このパッケージのデザインの方が魅力があると思います。
（feel / would）

17. 私は、商品にファッション性を付加してみたらよいのではと思います。
（I would say ＋（that）＋ 主語 ＋ should ＋ 動詞の原形）

18. <u>私は、割引率を検討しなおしてみた方が良いのではと思います。</u>
（I would say ＋（that）＋ 主語 ＋ should ＋ 動詞の原形）

19. 私は、3つの短所があるのではないかと思います。
（I would say）

| 決まり表現をスラスラ言えるようになろう！ |

10. **It seems to me** that we should **set our prices higher** than our competitors' to emphasize the quality of our products.

11. I **think** we **should** take 30％ off the original price.

12. I **think** we **should** review the **discount percentage**.
    参考) re（再び）＋ view（見る）＝ review「見直す」

13. <u>I **think** this strategy **will** work.</u>
    参考) 自信のある場合は will、慎重に発言する場合は would を使います。

14. I **think** this instant food **would** sell well in Vietnam.

15. I **feel** we **should** reduce the salty flavor by 10％.

16. I **feel** this design **would** be more attractive.
    参考) feel は think ほど強くなく、表現をやわらげます。

17. **I would say** we **should** add some fashionable elements to the design.

18. <u>**I would say** we **should** review the discount percentage.</u>

19. **I would say** there are three bad points.

CD1-Track 56

ビジネス場面実況中継

売上を伸ばすためのブレストです。売れ筋ランキングの更新や予測される商品の不足、懸賞による販売促進、店頭販売などさまざまな意見が出ています。Chapter 5-4を勉強してからダイアローグにチャレンジしましょう。販売戦略の英語が身につきます。Chapter 5-4とChapter 1-6の提案も復習しましょう。

議長： We are here to talk about how to increase our sales. First of all, ① let's have a brainstorming session for 15 minutes.

キーン： ⑥ There's no doubt we should reconsider our sales strategy.

ヒル： I suggest we update the strong-seller rankings on our website to attract customers. ⑬ I think this sales strategy will work.

ダン： That's a good idea! I propose we should announce a projected shortage of new products when we launch them. People want things that are scarce.

キーン： I think we should introduce prize promotions.

ヒル： Why don't we demonstrate the products in our stores?

ダン： ⑱ I would say we should review the discount percentage.

ヒル： ⑨ I believe that we should reconsider our prices.

議長： OK. Time's up.

重要語句をチェック！

☐ reconsider　考え直す
☐ strong-seller　売れ筋商品
☐ projected shortage　予想される不足
☐ launch　発売する

日本語訳

議長： 売上を伸ばす方法について話し合うために、お集まりいただきました。①さあ、15分間のブレストをしましょう。

キーン：⑥販売戦略を考えなおすべきだということは間違いありません。

ヒル： 私は、顧客を引き付けるためにホームページの売れ筋ランキングを更新することを提案します。⑬私は、この戦略はうまくいくと思います。

ダン： それは良いアイデアですね。私は、新商品を発売する際に予想される商品の不足を発表することを提案します。人々は不足している物を欲しがるものです。

キーン：私は、懸賞による販売促進を導入したらよいと思います。

ヒル： 店内で実演宣伝しませんか？

ダン： ⑱私は、割引率を検討しなおしてみた方がよいのではと思います。

ヒル： ⑨私は、価格を再検討すべきだと思います。

議長： わかりました。時間になりました。

ビジネス英語講座実況中継

先生：ブレーンストーミングがどのようなものかわかりましたか？ ブレーンストーミングではChapter 2-10で学びますが、I'm still making up my mind at the moment. などと言って意見を留保する発言は禁物ですよ。

生徒：どんな意見でも出す（**toss around some ideas**）ことが大切なのですね。**People want things that are scarce.**「人は不足しているものを欲しがる」もリアルですね。

先生：メーカーとしては売れ筋商品を不足させてはいけないのですが、それに対する **judgmental** な意見はブレーンストーミングセッションでは禁物です。
Chapter 1では丁寧な提案の方法を学びました。
ここでは会議で使う一般的な提案の表現も出ています。

生徒：① I propose ② I suggest ③ Why don't we ～？ですね。

先生：よく覚えていましたね！
　　　会議での提案の方法は Chapter 4-3「知識を深めよう」でも詳しく学びましょう。
　　　意見の基礎的な述べ方「〜だと思う」には ① I believe that 〜　② I think that 〜　③ I feel that 〜があります。英語で言ってみよう！の例文のように feel を使うと、直感的なイメージがあり柔らかく聞こえます。

生徒：なるほど。決まり表現15. **I feel** we **should** reduce the salty flavor by 10%. は塩味を減らすお話だし、決まり表現16. **I feel** this design **would** be more attractive. はデザインの話なので直観的ですね。
　　　他にも「〜だと思う」を意味する単語について教えてください。

先生：下記の表を見てください。

意見を述べる基本表現7

① I believe (that) + 主語 + 動詞	95〜100％の確率で思う。
② I think (that) + 主語 + 動詞	70％以上の確率で思う。根拠があり応用範囲が広い。
③ I suppose (that) + 主語 + 動詞	50〜80％の確率で思う。応用範囲が広く丁寧で 控えめな表現として使うこともある。
④ I guess + (that) 主語 + 動詞	推測で根拠がなく確信が持てない場合に使う。
⑤ I feel + (that) 主語 + 動詞	直観で使う場合が多い。
⑥ I assume (that) + 主語 + 動詞	特に確かな根拠なしに前提として思う。
⑦ I presume (that) + 主語 + 動詞	前もって思う。

先生：わかりましたか？

生徒：はい！上記の表は何となくわかりました。決まり表現の17〜19で使われている **I would say (that) + 主語 + 動詞が控えめな表現である理由**を教えてください。

先生：I would say (that) 主語 + 動詞は、「もし仮に言ってみると〜」「言わせていただくと〜」の意味になります。仮定法です。
　　　例えば決まり表現19. **I would say** there are three bad points. を

見ましょう。「3つの悪い点がある」ことは、なかなか言いにくいので「言わせていただくと」の表現になります。
生徒：そういえば、謙虚に聞こえますね。
先生：決まり表現13. **I think** this strategy **will** work. の参考）でも教えたのですが、**自信のある場合は will を、慎重に発言する場合は would** を使いましょう。
生徒：ところで、副詞について質問があります。
先生：Please feel free to ask me any questions.
生徒：**probably、perhaps、maybe の確率**について教えてください。
先生：probably は80〜90％以上、perhaps は60〜70％、maybe は50〜60％の確率を示します。
This proposal will probably work. を訳してみましょう。
生徒：この提案は十中八九うまくいくでしょう。
先生：その通りです。どうも日本人は、確率の高い場合でも、maybe を使いすぎる傾向にあるので注意しましょう！
生徒：ところで、presume、assume の単語は似ていますが、何か意味があるのですか？
先生：**語源から単語を覚える方法**を例を挙げて説明しましょう
語源 -sume は「取る・態度を取る」を意味します。

---

presume ＝ pre-「先に」＋ -sume「態度を取る」＝「先に態度を取る」→「推定する・推量する」
assume ＝ as-「〜に」＋ -sume「態度を取る」＝「〜に態度を取る」→「推定する・推量する」
consume ＝ con-「完全に」＋ -sume「取る」＝「完全に取る」→「消費する・使い果たす」
resume ＝ re「再び」＋ -sume「取る」＝「再び取る」→「再び始める」

生徒：これらすべては、ビジネスに役立つ英単語ですね！　たくさん単語が覚えられて **I couldn't be happier!**「とても幸せです」。

Chapter 2-10
意見を留保する・考えを変えたことを伝える

重要表現※かっこの中の表現を使って、英語で練習しましょう。

> 英語で言ってみよう！

意見を留保する表現

1. 今のところ意見はありません。（have no idea / at the moment）

2. 今、考慮している最中です。（make up one's mind / at this point）

3. 今のところ良い考えを思いつかないのです。（come up with a good idea）

4. 決定を下す前に、状況をさらに注意深く検討したいです。
   （take a closer look at the situation）

5. さらなる調査が必要なので、考える時間が要ります。（need some time）

賛成でも反対でもない場合の表現

6. 私はこの件に関して、この時点では、はっきりと賛成でも反対でもないのです。
   （don't feel strongly either way about / at this point）

7. 私は今のところ、まだどちらとも言えません。（sit on the fence）

8. 両方にもっともな理由（根拠）があります。（good arguments / on both sides）

考えを変えたことを伝える表現

9. 皆さん（あなた方）の意見を聞いて、私の考えは変わりました。
   （change one's mind）

10. さらに考えなおしてみて、あなたの提案に傾いています。
    （on second thought / be inclined to ＋ 動詞の原形）

ここでも、相手に誤解されない表現をしっかり身につけましょう。

> 決まり表現をスラスラ言えるようになろう！

意見を留保する表現

1. I **have no idea at the moment**.
   注意）at the moment か at this point がないと、考えていないような表現になるので必ず入れましょう。

2. I'm still **making up my mind at this point**.

3. I haven't **come up with a good idea** so far.

4. I'd like to **take a closer look at the situation** before making a decision.
   参考）フォーマルな表現を使いたければ study the situation にします。

5. This requires further investigation, so I'll **need some time** to think about it.
   参考）程度 far-further-furthest と距離 far-farther-farthest を混乱しないように。

賛成でも反対でもない場合の表現

6. I **don't feel strongly either way about** this topic **at this point**.
   参考）at the moment や at this point や right now を加えれば考えていても意見がまとまらないことが明らかになります。

7. I'm **sitting on the fence** right now.

8. There are **good arguments on both sides**.

考えを変えたことを伝える表現

9. After having heard your opinions, I've **changed my mind**.

10. **On second thought, I'm inclined to** agree with your proposal.
    注意）second の前に the は不要です。
    参考）be inclined to は tend to と入れ替え可能です。

ビジネス場面実況中継

ベトナムでの和食ファストフードレストラン開設を話し合う場面です。

グリーン： I think we should look at Vietnam as a consumer market rather than a production base. The average age of the Vietnamese is about 28. The domestic market is slowing in Japan. I'm for the idea of opening a new restaurant in Hanoi.

議長： Mr. Tanaka, I haven't heard your opinion yet.

田中： ⑦I'm sitting on the fence right now. Many companies were attracted by the cheap labor and expanded into Vietnam. It led to rapid economic growth in Vietnam, but their labor costs are rising. That's why ⑥I don't feel strongly either way about this topic at this point.

グリーン： I'm sorry, but what you're saying seems to be off the track. When we think about Vietnam as a production base, we have to think about the labor costs. Now we're looking at Vietnam as a market. One Japanese food company had great success selling instant noodles.

ホワイト： Yes. As young people are busy working, the demand for instant food will be going up. It's easy to cook. Young people don't have enough time to cook, so fast food restaurants will become popular.

------ After discussing for about an hour. ------

田中： ⑨After having heard your opinions, I've changed my mind. Vietnam is a good market. When I traveled there, I felt they were strongly pro-Japanese. I support the idea of expanding to Hanoi.

------ After deciding to open a restaurant in Hanoi. ------

議長： I'd like to hear your opinions on the menu, Ms. Green.

グリーン： Well, ③I haven't come up with any good ideas so far.

田中： I think aroma and richness are the key factors in deciding the menu.

重要語句をチェック！

- consumer market　消費者市場
- slow　ゆっくり動く
- lead to ～　～という結果になる
- production base　生産拠点
- pro-　支持の
- aroma　芳香
- key factor　重要な要素

日本語訳

グリーン： 私は、ベトナムを生産拠点として考えるよりも、消費者市場として考えるべきだと思います。ベトナム人の平均年齢は約28歳です。日本の国内市場は伸び悩んでいます。私はハノイにレストランをオープンすることに賛成です。

議長： 田中さん、まだあなたの意見を伺っていません。

田中： ⑦私は今のところ、まだどちらとも言えません。多くの会社が安い労働力に惹きつけられて、ベトナムに進出しました。よってベトナムは高度経済成長を遂げましたが、ベトナムでの労働コストは上がっています。そんなわけで、⑥私はこの件に関して、この時点では、はっきりと賛成でも反対でもないのです。

グリーン： 申し訳ないのですが、あなたのおっしゃっていることは的を外れているようです。ベトナムを生産拠点として考える場合は、労働コストを考えるべきです。今はベトナムを市場として見ています。ある日本の食品会社はインスタントヌードルの販売で大成功しました。

ホワイト： 若者は仕事で忙しいので、インスタント食品の需要は高まるでしょう。調理しやすいですから。若者には料理する時間がないので、ファストフードレストランの人気が出るでしょう。

……… 約1時間議論した後で ………

田中： ⑨皆さん（あなた方）の意見を聞いて、私の考えは変わりました。ベトナムは良い市場です。私はベトナムに旅行した時、ベトナム人は親日派だと感じました。ハノイ進出に賛成です。

……… ハノイにレストランをオープンすると決定した後で ………

議長： グリーンさん、メニューについてのご意見をお聞かせ願いたいです。
Green： そうですね。③今のところ良い考えを思いつかないのです。
田中： 私は、芳香と深みがメニューを決める上でのポイントだと思います。

ビジネス英語講座実況中継

先生：このベトナム進出のダイアローグは、Chapter 2-1から2-9までの復習編でもあります。
　　　グリーン氏の最初のセリフに Chapter 2-6の「脱線を元に戻す表現」17. What you're saying seems to be off the track.「あなたの発言は脱線しているようです」や、議長の最後の方のセリフに Chapter 2-5の「意見を求める表現」13. で学んだ I'd like to hear your thoughts on ～. が使われているのに気づきましたか？

生徒：はい！　内容面では Chapter 2-6のインドへのアウトソーシング会議の復習にもなりました。ベトナムを production base「生産拠点」として考えるよりも market として考えているところが時代を反映しています。意見を留保する時や、なかなか、考えがまとまらない時、どう言ったらよいのかな～と思っていたので、とてもためになる講座でした。

先生：決まり表現6の参考）にも書きましたが、意見がまとまっていない時は **at the moment** や **right now** を必ず入れましょう。

生徒：はい！　賛成とも反対とも言えない時に I'm sitting on the fence right now. の表現はとても楽しいと思いました。フェンスの上に座ると両側が見えるからですね。

先生：その通りです。

生徒：**argument の意味** は「口論・口げんか」の意味しか知らなかったので、8. There are **good arguments on both sides**.「両方にもっともな理由（根拠）があります」を見た時、驚きました。

先生：「論拠・根拠・議論・要旨・テーマ」の意味を持つことも、しっかり覚えましょう。

生徒：意見を変える時の表現、決まり表現9. After having heard your opinions, I've changed my mind. も、とても役立ちそうです。

先生：接頭辞の pro が「～に賛成して、～寄り、前に」の意味を持つことも、しっかり覚えましょう。

生徒：ベトナムに旅行した時に、ベトナムの人たちは **pro-Japanese**「親日派」だな～と感じました。

先生：今日は Chapter 2-1から2-10までの復習ですが、何か質問はありますか？

生徒：Chapter 2-6の決まり表現3に **I have a different perspective on outsourcing to India.**「私はインドにアウトソーシングすることに関して異なった見解を持っています」の perspective が、なかなか覚えにくいです。

先生：語源から単語を覚える方法 で覚えましょう。
perspective の per は perfect の per「通して、完全に」の意味を持ちます。

---
perspective ＝ per「完全」＋ spect「見る」＝完全に見る→「展望・見解」
perceive ＝ per「完全」＋ ceive「受ける」＝完全に受ける→「知覚する」
---

ceive「受ける」は receive の -ceive です。

生徒：なるほど！ 目からうろこです。

先生：さらに 語源から単語を覚える方法 を教えましょう。
-spect は「見る」の意味を持ちます。

---
spectator ＝ spect「見る」＋ or（人を作る接尾辞）＝「見学人」
prospect ＝ pro「前に」＋ spect「見る」＝「見晴らし」
inspect ＝ in「中に」＋ spect「見る」＝「検査する」
retrospect ＝ retro「後方に」＋ spect「見る」＝「回顧する」

生徒：単語力が増強しました！ Chapter 2-7の決まり表現5．**Could you elaborate on** that?「もう一度詳しく説明していただけませんか？」の elaborate について教えてください。

先生：語源から単語を覚える方法 で説明しましょう。
labor は「働く・労働」の意味を持ちます。

---
elaborate ＝ e「強意」＋ labor「働く・労働」＋ -ate「〜にする」＝一生懸命働く→「詳しく説明する」
collaborate ＝ co「共に」＋ labor「働く・労働」＝「共同で働く」

生徒：laboratory は「一生懸命働く場所」なので「実験室」というのですね。
先生：その通りです！
生徒：なるほど。今まで laboratory と lavatory「洗面所・お手洗い」と間違えて使っていたのですが、語源がわかったので、これからは大丈夫です（冷汗）。

Chapter 2-11
内容確認・採決・決定事項の連絡

重要表現※かっこの中の表現を使って、英語で練習しましょう。

> 英語で言ってみよう！

会議時間が残り少なくなっている場合の表現

1. 時間がなくなってきています。10分しか残り時間はありません。
   （run out of time）

2. 選択肢を絞る時間です。（narrow down）

3. ミーティングを続けましょうか、それとも別のミーティングを持ちましょうか？（schedule another meeting）

4. 2時半までミーティングを延長してもよろしいですか？
   （extend the meeting until + 時刻）

5. 会議はこのへんにして残りの問題は明日の会議に持ち越しましょう。
   （stop the meeting / finish the rest）

6. 予定していた時間になりました。（hit the prearranged time）

7. 時間がなくなりました。（be out of time）

内容確認についての表現

8. 理解していることを再確認しなければなりません。
   （double-check / understanding）

9. この進展について、おさらいしたいと思います。
   （review / the progress we've made）

特に内容確認の表現は、会議だけでなく交渉の場面でも共通なので、しっかり覚えましょう。

> 決まり表現をスラスラ言えるようになろう！

会議時間が残り少なくなっている場合の表現

1. We're **running out of time**. We have only 10 minutes left.

2. It's time to **narrow down** our options.

3. Shall we continue the meeting or shall we **schedule another meeting**?
   参考）Let's の方が Shall we より断定的です。

4. Is it all right to **extend the meeting until** 2:30？

5. Let's **stop the meeting** and **finish the rest** at tomorrow's meeting.
   参考）stop と end は、会議の議題が未決だが会議を終了する場合に使われます。

6. We've **hit the prearranged time**.

7. We'**re out of time**.（Time is up. でも OK）

内容確認についての表現

8. We should **double-check** our **understanding**.

9. I'd like to **review the progress we've made**.
   参考）go over「入念に見直す」、look over「ざっと目を通す」です。

英語で言ってみよう！

10. 私たちが同意した事項について確認しましょう。(what we've agreed on)

11. 合意した点を要約してもいいですか？（Can I summarize 〜?）

12. 私たちが話し合ったことをまとめてみましょう。
（recapitulate / what we've talked about）

会議終了前に意見を求める表現

13. 何か見落としている点はないでしょうか？（miss）

14. 採決する前に、何か質問はありませんか？（take a vote）

採決の表現

15. バングラデシュに工場建設の提案に賛成の方は、挙手してください。
（be in favor of 〜 / raise）

16. この提案に反対の人は、どうぞ挙手をお願いします。(be against)

17. バングラデシュの工場建設の提案は8対2で可決されました。
（be passed by）

18. 中国への工場建設の提案は8対3で否決されました。(be voted down by)

結論の表現

19. 結論といたしましては、エネルギーを節約するためにソーラーパネルを据え付けます。(In conclusion / set up)

20. 私たちの結論は、テスト期間をあと6カ月間延長することです。
（Our conclusion / extend the test period / for another six months）

> 決まり表現をスラスラ言えるようになろう！

10. Let's review **what we've agreed on**.

11. **Can I summarize** the points we agreed on?

12. Let's **recapitulate what we've talked about**.
    参考）省略して recap とも言います。

> 会議終了前に意見を求める表現

13. Have we **missed** anything?

14. Before we **take a vote**, are there any questions?

> 採決の表現

15. If you**'re in favor of** the proposal to build a factory in Bangladesh, please **raise** your hand.
    参考）be in favor of と be for は意味が同じです。

16. If you**'re against** this plan, please raise your hand.
    参考）賛成の場合は be for です。

17. The proposal to construct a factory in Bangladesh **was passed by** 8-2.

18. The proposal to construct a factory in China **was voted down by** 8-3.

> 結論の表現

19. **In conclusion,** we will **set up** a solar panel to save energy.

20. **Our conclusion** is that we should **extend the test period for another six months**.

英語で言ってみよう！

21. 1つ目の議事項目の結論は5人の熟練した労働者を採用することです。
（The decision taken on the first item on the agenda）

22. 欠陥率を下げるために毎日、製品を検査するとの結論に達しました。
（We've reached the conclusion（that）＋主語＋動詞）

23. 新製品を5月5日に発売することを決定しました。
（We've concluded（that）主語＋動詞）

会議終了時と次回会議の連絡表現

24. 会議を終了しましょう。（wrap up）

25. 次のミーティングは、その件について話し合うために本社で1月20日の2時から5時まで開催する予定です。（be supposed to）

26. 本社で1月20日の2時から5時まで、フォローアップ活動について話し合うために次のミーテイングを持ちましょう。（follow-up actions）

27. 次のミーティングの詳細に関してEメールでお知らせします。
（fill you in on / via e-mail）

> 決まり表現をスラスラ言えるようになろう！

21. **The decision taken on the first item on the agenda** is that we recruit five skilled workers.

22. **We've reached the conclusion that** we should check our products every day to lower the defect rate.

23. **We've concluded that** we should launch our new product on May 5th.

> 会議終了時と次回会議の連絡表現

24. Let's **wrap up** the meeting.
    参考）Let's finish the meeting. と同じ意味を持ちます。

25. **We're supposed to** have the next meeting in our head office from 2 to 5 on January 20th to discuss it.

26. Let's have the next meeting in our head office from 2 to 5 on January 20th to discuss **follow-up actions**.

27. I'll **fill you in on** the details of the next meeting **via e-mail**.
    参考）fill you in on の代わりに keep you up to date on でも OK です。

CD1-Track 62

ビジネス場面実況中継

　品質改善と納期を守るために現地への生産マネージャーと品質マネージャーの派遣を決定したことを議長が発表しています。Chapter 5-7海外アウトソーシングと5-9の工場で使う英語を先に勉強しましょう。

議長：⑥ <u>We've hit the prearranged time. Before we take a vote, are there any questions?</u>
⑮ <u>If you're in favor of</u> transferring our production manager and quality control manager to the Dalian factory, ⑮ <u>please raise your hand.</u>
OK, this proposal ⑰ <u>was passed by</u> 10 to 2.
⑩ <u>Let's review what we've agreed on.</u>
㉑ <u>The decision taken on the first item on the agenda</u> is that we install a gas turbine generator for emergencies in our head factory.
The decision taken on the second item on the agenda is that we send our production manager and quality control manager to train local workers at the Dalian factory.
By doing so, we expect we will be able to decrease defect rates and meet the deadlines.
They really need to cooperate with the local managers, so we should be careful in choosing them. Let's decide who we should choose in the next meeting.
㉕ <u>We're supposed to have the next meeting in our head office from 2 to 5 on January 20th to discuss it.</u> Would you mind sending the minutes and the next meeting's schedule to all the employees by e-mail, Mr. Garcia?
書記：OK. ㉗ <u>I'll fill you in on the details of the next meeting via e-mail.</u>

重要語句をチェック！

□ take a vote　採決する　　□ be in favor of ～　～に賛成する
□ for emergencies　非常用に　□ defect rate　欠陥率
□ cooperate with ～　～と協力する

> 日本語訳

議長：⑥予定していた時間になりました。採決する前に何か質問はありませんか？生産マネージャーと品質管理マネージャーの大連工場の転勤 ⑮に賛成の方は、挙手してください。
はい。この提案は ⑰１０対２で可決（承認）されました。
⑲私たちが同意した事項について確認しましょう。
㉑１つ目の議題の結論は、緊急時に備えて本社工場にガスタービン発電機を装備することです。
２つ目の議題の結論は、生産マネージャーと品質管理マネージャーを現地の労働者を訓練するために大連工場へ転勤させることです。
そうすることによって、欠陥率を低下させ締切日に間に合せることができるようになると思います。
現地のマネージャーとの協力がとても大切です。ですから、人材を注意深く選択しなければなりません。次のミーティングで誰を選ぶかを決定しましょう。
㉕次のミーティングは、その件について話し合うために、本社で１月２０日に２時から５時まで開催する予定です。ガルシアさん、議事録と次のミーティングのスケジュールを全従業員にＥメールで送ってくれませんか？
書記：わかりました。㉗次のミーティングの詳細に関してＥメールでお知らせします。

ビジネス英語講座実況中継

生徒：会議を終える時の Let's wrap up the meeting. の wrap up は、何かを包んでいるような表現ですね。
先生：良い点を突いていますね。レジでギフト代金を支払うと１つだけすることが残されています。それは何でしょうか？
生徒：え～っと。ギフトを包装することですか？
先生：はい。よろしい！　wrap up the meeting はギフトの購入に由来するイディオムです。
「会議を終わらせましょうの表現」を確認しましょう。

- 「会議を最後まで終わらせましょう」
  ① Let's finish the meeting.　② Let's wrap up the meeting.
- 「会議は途中ですが終わりにしましょう」
  ① Let's end the meeting.　② Let's stop the meeting.
- 「今日の会議はこのへんにして、残りの問題点は明日の朝の会議に持ち越しましょう」

Let's stop the meeting and finish the rest at tomorrow's meeting. Let's call it a day. や That's all for today. はとてもカジュアルな表現で、議題事項が決定された・されないにかかわらず簡単なミーティングに使います。

次に、アメリカ英語とイギリス英語では全然意味の違う語法を挙げますのでノートに書いてください。**Let's table the bill.** の意味

| アメリカ英語での意味　「その議案の審議は延期しましょう」 |
| イギリス英語での意味　「その議案を今から審議しましょう」 |

生徒：全然意味が違うのにはびっくりです。
先生：イディオムは、国によって意味が違うことがあるので危険ですね。気をつけましょう。イディオムは文化を反映するとも言われています。

生徒：文化といえば、海外アウトソーシングでは相手国の文化を知ることが大切ですね！　友人が経営する衣料卸売雑貨会社が中国に工場を2つ持っていますが、バングラデシュに新工場を建設します。その理由を英語に翻訳するように頼まれたのですが、先生、お願いできますか？
先生：OKですよ。

China Plus One とバングラデシュ

① 中国では人口増加を抑制するために1979年に一人っ子政策を導入しました。
② 1980年代に生まれた人が今、働き盛りです。
③ 実は中国の一人っ子対策は、甘やかされた人を生み出す結果となりました。
④ 中国のお正月休みは2月10日から15日までなのですが、1980年代生ま

れの人の中には２月１６日から仕事を始めない人（仕事に戻らない）がいます。
⑤ それが理由で納期に間に合わない工場があるのです。
⑥ 弊社は 綿花の産地で、世界で最大の衣料品の輸出国でもあり、中国より人件費が低いバングラデシュに進出を決定しました。

先生：下記が英訳です。

① China introduced a one-child policy in 1979 to combat population growth.
② Those who were born in the 1980's are now in their prime (productive years).
③ Actually, China's one-child policy has resulted in a generation of spoiled people.
④ China's New Year holidays are from February 10th to 15th; however, some people who were born in the 1980's don't go back to work on February 16th.
⑤ That's why some factories can't meet deadlines.
⑥ We decided to expand into Bangladesh, because Bangladesh is one of the world's largest clothes-exporting countries as well as being a cotton producer, and labor costs are much lower than in China.

　お友達の会社は、"China Plus One" にバングラデシュを選択されたのですね。
中国の one-child policy（一人っ子政策）で１９８０年くらいから贅沢に育った人が多いようです。"China Plus One" の話を始めると、尽きません。もっともっと講座を続けたいですが、That's all for today.「今日はこれで終わりです」。

Chapter 3
プレゼンテーションの英語

Chapter 3-1
プレゼン冒頭部と会社説明の基本表現

重要表現※かっこの中の表現を使って、英語で練習しましょう。

> 英語で言ってみよう！

> プレゼンの冒頭部の基本表現

1. 皆様とここでご一緒（お会い）できて、とてもうれしく思います。
   （be pleased to ＋動詞の原形）

2. 弊社の新製品 Super Dishwasher を紹介する機会を与えてくださり、ありがとうございます。
   （Thank you very much for giving me the opportunity to ＋動詞の原形）

3. このようなプロフェッショナルな方々にプレゼンする機会をいただき、光栄です。（be honored to ＋動詞の原形 / make a presentation to ～）

4. お忙しいところ、お時間をお取りくださり、誠にありがとうございます。
   （take some time out of your busy schedule）

5. 紹介していただきましたように、私は ABC 電気の今川卓美です。5年間、商品開発の担当をしております。（As introduced / be in charge of ～）

6. 私のプレゼンは2部に分かれています。（be divided into ～）

7. 最初に、弊社の会社の概要について10分間お話しさせていただきます。
   （company outline）

プレゼンには、社外に向けて行うプレゼンと社内でのプレゼンの2種類あります。いずれの場合も導入部分では必ず所要時間と質疑応答の時間を述べましょう。
1.目的 2.誰に向かって話すのか 3.所要時間 4.フォーマル度・カジュアル度に気をつけて話しましょう。会社説明する時には事業内容、従業員数、資本金、本社の位置、支社の数、会社創立年、などを言えるようになりましょう。商品のプレゼンは、顧客の会社に出向いて行うものと、国際展示会などで行うものの2種類があります。

| 決まり表現をスラスラ言えるようになろう！ |

プレゼンの冒頭部の基本表現

1. Ladies and gentlemen, **I'm pleased to** be here and meet you all.
   重要）be pleased に感謝と歓迎の気持ちを込めます。

2. **Thank you very much for giving me the opportunity to** introduce our new product, the Super Dishwasher.

3. **I'm honored to** have the opportunity to **make a presentation to** such wonderful professionals.
   重要）have a presentation は×です。give you a presentation は、この場合えらそうに聞こえます。

4. We'd like to thank you very much for **taking some time out of your busy schedules**.
   参考）応用範囲が広い表現です。We'd like to をつけることにより丁寧な表現になります。

5. **As introduced,** my name is Takumi Imagawa from ABC Electronics. I've **been in charge of** product development for five years.

6. My presentation **is divided into** two parts.

7. Firstly I'm going to give you a **company outline** for 10 minutes.
   Firstly, Nextly……などと、手順よく話しましょう。進行形の〜ing 形は動きを感じさせる表現です。

英語で言ってみよう！

8. 次に新製品について約20分間、ご紹介させていただきたいと思います。
（I'd like to ＋ 動詞の原形 / introduce）

9. 本日のプレゼンで3つのポイントを取り上げます。（cover）

10. プレゼンの終わりには皆様に、私どもの製品の利点について十分に理解していただけると思います。
（By the end of the presentation / I hope）

会社説明の表現

11. 10分間、当社の簡単な概略から始めさせていただきたいと思います。
（I'd like to begin by ～ / brief outline of our company）

12. 会社のカタログをご覧いただけますか？
（company brochure）

13. 弊社は一流のロボット製造会社の1つです。
（one of the leading ＋ 名詞の複数）

14. 弊社は服飾雑貨用品を専門にする日本の卸問屋です。
（wholesale company / specialize in ～ / garments and general merchandise）

15. 弊社は神戸に拠点を置くアパレル会社です。（場所名 -based）

16. 本社は東京にあります。
（headquarters / be located in ～）

17. 当社の従業員は約2,000人です。
（We have / approximately）

CD1-Track 64

> 決まり表現をスラスラ言えるようになろう！

8. Next **I'd like to introduce** our new model for about 20 minutes.
   重要）I'd like to ～「～したいと思います」は、進行内容を説明する場合によく使う表現です。

9. In my presentation today, I'll **cover** three points.
   参考）cover は introduce、explain、focus on に入れ替え可能です。pick out、take up には入れ替え不可なので間違えないようにしましょう。

10. **By the end of the presentation, I hope** you will understand the merits of our new model.

> 会社説明の表現

11. **I'd like to begin by** giving you a **brief outline of our company** for 10 minutes.

12. Could you please look at our **company brochure**?

13. We're **one of the leading** robot manufacturers.
    参考）We are a robot manufacturer よりもインパクトが強いです。leading の代わりに major、largest も OK です。

14. We're a Japanese **wholesale company** which **specializes in garments and general merchandise**.
    重要）「社名＋which specializes in ～」は「～を専門にする会社です」。special「特別な」＋ize「～にする」→「専門にする」

15. We're a **Kobe-based** apparel company.
    参考）Tokyo-based trading company「東京に本社のある商社」

16. Our **headquarters is located in** Tokyo.
    参考）headquarters は単数扱いでも複数扱いでも OK です。

17. **We have approximately** 2,000 employees.

167

英語で言ってみよう！

18. ABC アパレルは1958年に創立されました。(be founded)

19. 弊社は大和株式会社の系列会社です。(be affiliated with 〜)

20. 弊社は大和株式会社の子会社です。(subsidiary)

21. 国内には8支社、20の関連会社と10の工場があります。
(branch office / affiliated company)

22. アメリカ、フランス、中国など、海外には10の関連会社があります。
(such as 〜)

23. 弊社は東京証券取引所に上場しています。
(be listed on 〜 / Tokyo Stock Exchange)

24. 弊社は2010年にXYZ Corporationを買収いたしました。(acquire)

25. 弊社の資本金は1億円です。(be capitalized at)

26. 当社の年商は約5億円です。(annual sales)

27. 昨年の純利益は5億円を上回りました。(net profits)

28. 6ページの取引先一覧をご覧ください。(list of customers)

29. わが社が市場では一番のシェアを占めています。
(the biggest share of the market)

30. 30％のマーケットシェアを占めています。(account for 〜)

> 決まり表現をスラスラ言えるようになろう！

18. The ABC Apparel Corporation **was founded** in 1958.
    参考）be founded と be established は同じ意味を持ちます。

19. Our company **is affiliated with** Yamato Corporation.

20. We're a **subsidiary** of Yamato Corporation.
    参考）We're a part of Yamato Corporation. と言い換え可能です。

21. We have 8 **branch offices**, 20 **affiliated companies** and 10 factories in Japan.

22. We have 10 affiliated companies in foreign countries **such as** America, France and China.

23. We**'re listed on** the **Tokyo Stock Exchange**.

24. We **acquired** XYZ Corporation in 2010.
    注意）merge with「～と合併する」と間違えないようにしましょう。

25. We **are capitalized at** 100 million yen.

26. Our **annual sales** are about 500 million yen.

27. Our **net profits** were over 500 million yen last year.

28. Would you please look at page 6 for a **list of** our **customers**?

29. We have **the biggest share of the market**.

30. We **account for** 30% of the market share.

英語で言ってみよう！

質問を受ける場合の表現

31. 質問がございましたら、いつでもお聞きください。
（please feel free to ＋ 動詞の原形）

32. ご質問は、私のプレゼンが終わってからお願いします。(hold your questions)

33. 質問はプレゼンが終了してから受け付けたいと思っています。
（I'd be happy to ＋ 動詞の原形 / take any questions）

34. プレゼン終了後は10分間の Q&A セッションを持ちます。
（Q&A session for ＋ 時間）

質問に答えられない場合の表現

35. 良いご質問ですが、即答いたしかねます。（be unable to ＋ 動詞の原形）

36. 申し訳ございませんが、今、正確な数字はわかりません。
（be not sure of ～ / exact number）

37. 調べてから、後ほどご連絡させていただきます。（check on ～）

38. 後で質問のお答えを見つけさせていただきます。（find out the answer）

質問が出なくなった場合の表現

39. 次に進んでよろしいですか？（go on to the next stage）

アンケート記入依頼の表現

40. 少しお時間をいただいて、アンケートにご記入いただければ幸いです。
（We'd appreciate it if you could ＋ 動詞の原形 / take a few minutes to ＋ 動詞の原形）

41. ご清聴ありがとうございます。（your attention）

CD1-Track 66

> 決まり表現をスラスラ言えるようになろう！

質問を受ける場合の表現

31. If you have questions, **please feel free to** ask anytime.

32. Please **hold your questions** until after my presentation.
    参考）工場見学の場合は until after the factory tour に入れ替えます。

33. **I'd be happy to take any questions** after the presentation.
    参考）32. より丁寧です。

34. After the presentation we'll have a **Q&A session for** 10 minutes.

質問に答えられない場合の表現

35. That's a good question, but **I'm** afraid **I'm unable to** answer it right now.

36. I'm sorry, but **I'm not sure of** the **exact numbers** right now.
    注意）I'm sorry, but I can't tell you the exact numbers right now. は「申し訳ありませんが数字を知っているけれども今は教えることができません」を意味します。

37. I'll **check on** it and contact you later.
    注意）check out は「すでに知っていることを確認する」の意味になるので×です。

38. I'll **find out the answer** later for you.

質問が出なくなった場合の表現

39. May I **go on to the next stage**?

アンケート記入依頼の表現

40. **We'd appreciate it if you could take a few minutes to** fill out a questionnaire.
    注意）take the minutes は「議事録をとる」なので×です。

41. Thank you very much for **your attention**.
    参考）プレゼン最後のあいさつとして一般的です。

英語で言ってみよう！

展示会ブースでの小さなプレゼンの表現

42. お時間はおありですか？（have some time）

43. 新しいテレビゲームを紹介させてください。（new line of video games）

44. こちらにカタログがございます。（Here's 〜）

45. 新製品「Super Game」を5月5日に発売する予定です。（launch）

大きな商品（電気製品 etc）のプレゼンの表現

46. 長年の研究開発の結果、私たちは Super Dishwasher を開発しました。
（After years of research and development）

47. 私たちは市場で顧客の意見を調査しました。
（research / views of the consumers）

48. 調査によると95％の顧客が、発売されたらすぐに購入したいと言っています。
（According to the survey / as soon as it is launched）

49. Super Dishwasher の3つの長所についてお話しさせてください。
（three merits）

50. 驚くべきことの1つは、とても静かだということです。
（One of the most amazing things）

51. 良い品質とデザインのおかげで、旧モデルはよく売れました。（Thanks to 〜）

CD1-Track 67

> 決まり表現をスラスラ言えるようになろう！

> 展示会ブースでの小さなプレゼンの表現

42. Do you **have some time**?
    注意）Do you have the time? は「今、何時ですか？」を意味するので×です。

43. Let me show you our **new line of video games**.

44. **Here's** our brochure.
    参考）This is ～よりも生き生きとした動きが伝わります。

45. We're going to **launch** our new line, 'Super Game', on May 5th.

> 大きな商品（電気製品 etc）のプレゼンの表現

46. **After years of research and development,** we designed the Super Dishwasher.
    重要）After years of research and development「長年の研究開発の結果」は、製品開発を示す重要な表現です。

47. We've **researched** the **views of the consumers** in the market.
    重要）全製品共通で使えるフレーズ：顧客の意見は説得性があります。

48. **According to the survey,** 95% of consumers say that they want to buy it **as soon as it is launched**.
    重要）全製品共通で使えるフレーズ：調査に基づく発表、特に数字は説得力があります。

49. Let me talk about **three merits** of the Super Dishwasher.
    重要）Firstly, Secondly, Thirdly でリズムを持たせる　商品の利点は3つがよいようです。

50. **One of the most amazing things** is that it is so quiet.

51. **Thanks to** the good quality and design, our last model sold well.
    重要）理由を示す Thanks to、Because of はプレゼンで必須です。

3・プレゼンテーションの英語

英語で言ってみよう！

52. 弊社の新製品は操作がとても簡単です。（easy to operate）

53. 旧製品よりも、さらに使いやすくなっています。
（user-friendly / previous one）

54. 問題は、この種類の食器洗い機は音が出ることです。
（The problem is (that) ＋ 主語 ＋ 動詞）

55. 他の（この種類の）食器洗い機と違って、Super Dishwasher はとても静かです。
（unlike 〜 / of its kind）

56. Super Dishwasher の利点は音を最小限にすることです。
（The advantage of A is (that) 主語 ＋ 動詞）

57. 特別な絶縁システムのおかげで Super Dishwasher は静かです。
（Thanks to 〜 / insulation system）

58. これらの新機能が弊社の製品独自のものであることを誇らしく思います。
（be unique to 〜）

59. 弊社の新機種は他社の銘柄をしのぎます。
（outperform other brands）

60. 弊社の新モデルは時間とコストを節約します。
（save time and money）

61. 弊社の新製品は耐久性、デザイン、性能、コストパーフォーマンスに優れています。（offer）

> 決まり表現をスラスラ言えるようになろう！

52. Our new model is **easy to operate**.

53. Our new model is more **user-friendly** than the **previous one**.
    重要）新製品発売には旧製品との比較も大切です。

54. **The problem is** that dishwashers of this kind are noisy.
    重要）競合相手の製品との比較が大切です。

55. **Unlike** other dishwashers **of its kind**, the Super Dishwasher is so quiet.　重要）Unlike を使って競合製品と比較。

56. **The advantage of** the Super Dishwasher **is that** it minimizes noise.
    重要）長所を強調します。

57. **Thanks to** the special **insulation system**, the Super Dishwasher is quiet.
    重要）Thanks to は「〜のおかげで」と、ポジティブなニュアンスで使われます。

58. We're proud that these new functions **are unique to** our products.
    重要）自社製品の特徴を強調します。
    参考）I と We の使い分けを上手に語ることで、個人の実績とチームワークを大事にしていることがわかります。

59. Our new model **outperforms other brands**.
    参考）out- は outlast「長持ちする」などポジティブな意味を持ちます。

60. Our new model **saves time and money**.
    重要）全電化製品共通の売り込み。
    注意）save costs は△です。save on costs、または save money の方がよいです。

61. Our new model **offers** great durability, design, performance and cost performance.

> 英語で言ってみよう！

62. この製品が生産性を高めるお手伝いをさせていただくことを、保証します。
（guarantee / increase productivity）

63. わが社の製品の品質とデザインとカスタマーサービスには自信があります。
（excellent customer service）

64. どのように動くか、お見せしましょう。（how it works）

65. 操作方法をお見せしましょう。（how to operate it）

> 展示会参加者の質問の表現

66. 本社はどちらか、お伺いしたいのですが。
（I'd like to know / be located）

67. 工場はどちらにありますか？
（May I ask 〜 ?/ be situated）

68. 御社の商品がどのように製造されているのか見たいです。
（be manufactured）

69. 工場を案内してくださいませんか？（show around）

70. 工場見学ツアーへは、どのようにすれば参加できますか？
（how can I~?）

71. 御社の製品は、どちらの国で販売されていますか？
（launch your products）

72. アメリカでのシェアを教えていただけますか？（market share）

> 決まり表現をスラスラ言えるようになろう！

62. I **guarantee** our product can help you to **increase productivity**.
重要）全電化製品共通の売り込みです。

63. We're confident of our quality, design and **excellent customer service**.

64. I'll show you **how it works**.

65. I'll show you **how to operate it**.

> 展示会参加者の質問の表現

66. **I'd like to know** where your company's head office **is located**.
参考）I'd like to know は丁寧な表現。locate の名詞は location です。

67. **May I ask** where your factory **is situated**?
参考）be located と be situated の意味は同じです。

68. I'd like to see how your products **are manufactured**.

69. Could you **show** me **around** your factory?

70. **How can I** join a factory tour?
参考）この場合、見学者として参加するので participate より join の方がふさわしいです。

71. May I ask what countries you have **launched your products** in?
参考）アメリカで販売する会社は大量生産（mass-production）していて、ヨーロッパで販売する会社はデザイン性を重視している（design-oriented）ようです。

72. Could you tell me the **market share** of your products in America?

3・プレゼンテーションの英語

| 英語で言ってみよう！ |

73． 昨年の年間の売上を教えてくださいませんか？（total sales）

74． 御社の従業員数を教えてくださいませんか？（how many employees）

75． 御社製品の特徴は何ですか？（key features）

76． なぜ御社の製品価格は他社の製品の価格よりも少し高いのか、お伺いしてもよろしいですか？（a little higher than）

77． なぜ御社の製品の製品価格は競合製品よりも安いのか、お伺いしてもよろしいですか？（lower / competitors'）

★決まり表現76に対する答え方はChapter 3-1の決まり表現46と58〜63までをしっかり勉強し品質の良さを強調しましょう。

★決まり表現77に対する答え方はChapter 5-4の決まり表現12やChapter 5-6の4を勉強しましょう。

| 決まり表現をスラスラ言えるようになろう！ |

73. Could you tell me how much your **total sales** were last year?

74. Could you tell me **how many employees** your company has?

75. What are the **key features** of your products?

76. May I ask why the prices of your products are **a little higher than** others'?

77. May I ask why the prices of your products are **lower** than your **competitors**'?

ビジネス場面実況中継

それでは次に食器洗い機のプレゼンの実況中継に移ります。
新製品 Super Dishwasher についてプレゼンしている場面です。

② Thank you very much for giving me the opportunity to introduce our new product, the Super Dishwasher.
I'm Mari Tanaka. I'm a sales representative of CH Electrical Company. I know the importance of dishwashers, because when I was a university student, I worked as a dishwasher at a small restaurant for four years. (smiling) ⑥ My presentation is divided into two parts.
⑦ Firstly I'm going to give you a company outline for 10 minutes.
⑧ Next I'd like to introduce our new model, the Super Dishwasher, for about 20 minutes.
⑩ By the end of the presentation, I hope you will understand the merits of our new model, the Super Dishwasher.
㉞ After the presentation we'll have a Q&A session for 10 minutes.

------ After giving the company outline ------

㊻ After years of research and development, we designed the Super Dishwasher.
㊾ Let me talk about three merits of the Super Dishwasher.

Firstly, the Super Dishwasher washes more thoroughly and quickly than any others. This latest model is equipped with the 'super waste disposal mechanism' which carries away the smallest food particles. Thanks to this new mechanism, it does a more hygienic job than any of our competitors' dishwashers of its kind.

Secondly, the Super Dishwasher is efficient!
It's designed to save water by minimizing the amount of rinsing water. It also features the Auto Off function. This switches the machine off when it's finished. These functions reduce electricity bills as well as water bills and save 400 hours' worth of electricity a year.

Thirdly, ㊺ unlike other dishwashers of its kind, the Super Dishwasher is so quiet that you don't hear any sound when the dishwasher is running ㊼ thanks to the special insulation system.
㊽ We're proud that these new functions are unique to our products.
⑳ Our new model saves time and money. It's clean, economical, and quiet!

重要語句をチェック！

- dishwasher 食器洗い機・洗い場担当
- be divided into ～ ～に分かれる
- be equipped with ～ ～が備わっている（装備されている）
- disposal mechanism 処理装置
- particle 分子
- hygienic job 衛生的な仕事
- competitor 競合相手
- feature 特徴を持つ
- function 機能
- electricity bill 電気代
- unlike ～ ～と違って
- insulation system 絶縁システム

日本語訳

②弊社の新製品 Super Dishwasher を紹介する機会を与えてくださりありがとうございます。
私の名前は田中マリです。CH Electrical Company のセールスパーソンです。
私は大学生の頃、小さなレストランで4年間お皿洗いのアルバイトをしていたので食器洗い機の重要性がわかります。(微笑んで)
⑥私のプレゼンは2部に分かれています。
⑦最初に、弊社の会社の概要について10分間お話しさせていただきます。
⑧次に、新製品 Super Dishwasher について約20分間、ご紹介させていただきたいと思います。
⑩プレゼンの終わりには私どもの新製品 Super Dishwasher の利点について皆様に十分に理解していただけると思います。
㉞プレゼン終了後は10分間の Q&A セッションを持ちます。

……… 会社の概要について話した後で ………

㊻長年の研究開発の結果、私たちは Super Dishwasher を開発しました。
㊾ Super Dishwasher の3つの長所についてお話しさせてください。

1つ目は、Super Dishwasher は他の製品よりもきれいに素早く洗います。この最新モデルは食物微分子を洗い流すスーパー処理装置がついています。新装置のおかげで、この種類の競合のどの製品よりも衛生的な仕事ができます。

2つ目には Super Dishwasher は効率がよいのです。
これは、すすぐ水の量を最小限にすることで水を節約できるようにデザインされています。また自動オフも特徴の1つです。この機能は、終了時に自動的に食器洗い機をオフさせます。これらの機能は水道代だけでなく電気代も節約します。1年間に400時間分の節電ができます。

3つ目には、(57)特別な絶縁システムのおかげで、(55)他の(この種類の)食器洗い機と違って、Super Dishwasher はとても静かです。食器洗い機が作動している音は聞こえません。

(58)これらの新機能が弊社の製品独自のものであることを誇らしく思います。
(60)弊社の新モデルは時間とコストを節約します。
清潔で、経済的で、静かです!

ビジネス英語講座実況中継

先生：Dishwasher のプレゼンはいかがでしたか？

生徒：まず、自己紹介で I was a dishwasher と語っていたので、とても親しみを感じました（笑）。

先生：聞き手との親近感を生み出すことがとても大切です！　人を惹きつける魅力的なプレゼンでした！　このプレゼンの前半は、どの業界の人にも共通です。

生徒：共通といえば、決まり表現36. I'm sorry, but I'm not sure of the exact numbers right now. が、とても役立ちました。今まで I'm not sure of ～ と言わずに I can't tell you ～ と言って様々な場面で相手との距離を大きくして不愉快な思いをさせていたかもしれません。「数字を知っているが教えることができない」のように I can't tell you ～を使って失礼なことをしていたかもしれません。

先生：これからは気をつけましょう。後半部は主に機械に共通の部分もありますが、プレゼン共通の表現も多いです。**プレゼンの手順と重要表現についての確認**をしましょう。

---

① 聴衆に対して感謝の気持ちを述べる→
② 自己紹介する→
③ プレゼンの構成と時間配分を述べる→
④ 商品説明（特徴又は長所は3つ）→
⑤ 感謝の気持ちを述べて終了する。

生徒：④の商品説明ですが、なぜ、**特徴は3つなのですか？**

先生：3という数字は頭に残りやすく、心理学的にも効果をもたらすからです。

生徒：説得力がありますね！

先生：製品のプレゼンで聴衆を惹きつける方法を復習しましょう。
　　　定型表現を覚えているかどうかテストですよ。
　　　「**長年の研究開発の後**」、誕生した製品に顧客は信頼感を得ます。
　　　使うべき定型表現は？

生徒：**"After years of research and development, ～"** です！

先生：はい、よく覚えていますね！　顧客は商品の評判も気になります。
「顧客の意見をリサーチする」は何という？
生徒："**research the views of the customers**" です。
先生：「調査によれば」は何という？
生徒："**According to the survey**" です。
先生：感情を込めて商品を説明すると聴衆は耳を傾けてくれます。
「驚くべきことの1つは〜」は何と言う？
生徒："**One of the most amazing things is** 〜" です。
先生：amazing のところに remarkable、surprising を入れても OK ですよ。
長所を強調する時の定型表現は？
生徒：**The advantage of** 〜ですか？　そして理由を言う時は Thanks to 〜？
先生：はい、よろしい！　もう1つ商品の特徴を説明するには **be unique to** ＋**商品名**を使いましょう。
旧製品（the old model）との比較も大切です。全電気製品では高性能であることはもちろん大切ですが、使用者（user）にとって大切なことは何かわかりますか？
生徒：**user-friendly**、つまり **easy to operate** であることですか？
先生：はい、よろしい。それと **It saves time and money** です。
競合相手との比較も大切です。競合製品との違いを述べるには？
生徒：**Unlike other products of its kind**、**be unique to**＋**商品名**、それに自社ブランドが **outperform other brands** も大切な決まり表現ですね。
先生：OK！　**I'm sure your presentation will outperform others'!**

Chapter 3-2
工場見学でのプレゼン

重要表現※かっこの中の表現を使って、英語で練習しましょう。

> 英語で言ってみよう！

工場見学に関する表現

1. ようこそ、日本ロボット工場へお越しくださいました。本日はロボットの製造ラインをご案内させていただきます。（show 人 around）

2. この1時間半のツアーで、あなたはロボットがどのように製造されるかを学べるでしょう。（learn the process of how ＋主語＋動詞）

3. この1時間のツアーで、ビールの製造過程を学べるでしょう。
（learn the process of ～）

4. 当工場は1950年に操業を開始しました。（begin operation）

5. 当工場の敷地面積は約7,000平方メートルあります。
（factory floor area / square meters）

6. この工場では月に300台の生産能力があります。（produce / unit）

7. この工場では月1,000トン製造しています。（turn out ～）

8. これは出荷と保管のための建物です。（shipping and storage）

9. あれは組み立て工場です。（assembly）

10. ここは、組み立てラインで、キーパーツがここで組み立てられています。
（be assembled into units）

会社は、顧客が代理店契約を結ぶ前に工場見学に連れて行くことも多いです。また、会社の知名度を上げるために工場見学を実施している会社もあります。工場の立地条件、施設の機能、生産能力についての3つについて話せるようになりましょう。

> 決まり表現をスラスラ言えるようになろう！

工場見学に関する表現

1. Welcome to Japan Robot's factory. Today, I'll be **showing you around** our robot production line.
   注意）lead you around は威圧感を与えるので×です。

2. During this one-and-a-half-hour tour, you'll **learn the process of how** our robots are manufactured.

3. During this one-hour tour, you will **learn the process of** producing beer.
   重要）工業製品の場合は manufacture、食品飲料水の場合は produce を使うことが多いです。

4. Our factory **began operation** in 1950.

5. Our **factory floor area** is about 7,000 **square meters**.

6. This factory can **produce** 300 **units** per month.
   参考）produce の代わりに turn out でも OK です。

7. This factory **turns out** 1,000 tons per month.
   参考）有形の製品でない場合は重さで示します。

8. This is a building for **shipping and storage**.

9. That is a building for **assembly**.

10. This is the assembly line, where the key parts **are assembled into units**. 参考）assemble は「組み立てる・会合する」を意味します。

> 英語で言ってみよう！

> 工場案内中の注意事項に関する表現

11. 見学が始まる前に、数点注意させていただきます。
（point out a few things）

12. 工場見学中はヘルメットを着用してください。（wear）

13. 喫煙、写真撮影そして工場内の物に手を触れることはお控えくださいますよう、お願いします。（refrain from）

14. 指定場所でのみ写真撮影が可能です。（designated areas）

15. 大きな声で話さないようにしてください。（in a loud voice）

16. 工場内では白線の内側を歩くようにしてください。
（within the white line in the workshop）

> 決まり表現をスラスラ言えるようになろう！

工場案内中の注意事項に関する表現

11. Before we begin our tour, I'd like to **point out a few things**.
    参考) remind you of a few things.（注意させていただきます）でも OK です。

12. Please **wear** a helmet during this tour.
    注意) 工場見学中着用してほしいので wear です。put on は一時的な動作を表すので×です。

13. Please **refrain from** smoking, taking pictures, and touching the objects inside the factory.

14. Pictures can only be taken in the **designated areas**.

15. Please refrain from speaking **in a loud voice**.
    注意) big voice は「大きな良い声」の意味を持つので×です。
    参考) My teacher has a big voice.「私の先生は、大きな良い声をしています」

16. Please walk **within the white line in the workshop**.
    参考) workshop は「工場、講習会」の意味を持ちます。

ビジネス場面実況中継

会社案内のプレゼンと工場見学です。ロボット工場の生産部長が工場案内する場面です。日本が世界を牽引するロボット先進国であることを含め会社の概要を説明し、顧客の質問にも即座に答えています。

ガイド：① Welcome to Japan Robot's factory. I'm George Yamada, the production manager of Japan Robot Company. I'm pleased to be here and meet you all. ① Today, I'll be showing you around our robot production line.
② During this one-and-a-half-hour tour, you'll learn the process of how the robots are manufactured.
Firstly, I'm going to give you a company outline for 10 minutes.
As you know, Japan is the world's leading manufacturer of robots.
About 50% of the world's robots are manufactured in Japan.
We are proud that we have an excellent group of robot engineers in the R&D Department.
They received the Best R&D Robot Prize last year.
We are one of the leading robot manufacturers.
We merged with XYZ Corporation in 2010 to heighten our competitiveness.
We have 8 branch offices, 20 affiliated companies and 10 factories in Japan. Do you have any questions?

顧客： How large is this factory?

ガイド： Our factory covers 7,000 square meters.
OK? ⑪ Before we begin our tour, I'd like to point out a few things.
⑬ Please refrain from smoking, taking pictures, and touching the objects inside the factory.
If you have questions, please feel free to ask me.

重要語句をチェック！

- be manufactured　製造される
- leading manufacturer　一流の製造会社
- merge with ～　～と合併する
- heighten　高める
- competitiveness　競争力

日本語訳

ガイド：①日本ロボット工場へ、ようこそお越しくださいました。日本ロボットの生産マネージャーの山田譲二です。皆さんとここでご一緒できて、とてもうれしく思います。①本日はロボット製造ラインをご案内させていただきます。②この１時間半のツアーで、あなたはロボットがどのように製造されるかを学べるでしょう。
初めに、弊社の概略について10分間お話しさせていただきます。
ご存じのように、日本は世界のロボットの主要製造国です。
世界のロボットの50％が日本で製造されています。
弊社の卓越した研究開発部のロボットエンジニアチームをとても誇らしく思っています。
昨年は Best R&D Robot Prize を受賞しました。弊社は一流のロボット製造会社の１つです。弊社は２０１０年には競争力を強めるために XYZ Corporation と合併いたしました。国内には８支社、２０の関連会社と１０の工場があります。何か質問がございますか？

見学者：この工場の大きさはどれくらいですか？

ガイド：当工場は7,000平方メートルあります。
よろしいでしょうか？ ⑪見学が始まる前に、数点注意させていただきます。⑬喫煙、写真撮影そして工場内のものに手を触れることはお控えくださいますようお願いします。
質問がございましたら、何でもお聞きください。

ビジネス英語講座実況中継

先生：Chapter 3-1 で学んだ会社説明の表現もたくさん使いました。工場見学する際に会社名や数字を入れ替えればいろいろ応用が利き、他の業種でも応用できますね。

生徒：とても役立ちそうです！

先生：世界を牽引するロボット製造国の日本　日本を紹介する１つのネタとして使えますよ。「ロボット工学は日本の右に出るものはいない」を be second to none を使って英作文しましょう。

生徒：Japan is second to none in robot engineering ですね！

３・プレゼンテーションの英語

Chapter 3-3
グラフを使ってのプレゼン

重要表現※かっこの中の表現を使って、英語で練習しましょう。

英語で言ってみよう！

資料配布の表現

1. 1部ずつ資料をお取りになり、次の方に回してください。
（materials / pass on）

2. 資料は皆さんに行き渡っていますか？（go around）

3. 皆さんのお手元に12ページの資料があるかと思います。
（pages of materials）

4. パンフレットとDVDとプリントを含む資料が1部ずつ、皆さんの前にあるかと思います。
（set of materials including 〜 / handout）

5. 配布資料をご参照ください。（refer to 〜）

スクリーンについての表現

6. 後ろの皆様、スクリーンがはっきり見えますか？
（everyone in the back）

7. スクリーンでデータをお見せします。（some data）

8. スクリーンの右側をご覧ください。（at the right side of 〜）

グラフを使ってのプレゼンを苦手とする人も多いようです。基本フレーズをしっかり覚えましょう。プレゼンでの資料配布の表現は社内外ともに使えます。

ここでは特に社内プレゼンを扱っています。数値の合計が100％の場合は円グラフ（pie graph）、時系列の場合は折れ線グラフ（line graph）か棒グラフ（bar graph）を使います。

決まり表現をスラスラ言えるようになろう！

資料配布の表現

1. Please take one set of **materials** and **pass** the rest **on**.

2. Are there enough materials to **go around**?

3. You should have 12 **pages of materials**.

4. Everyone should have a **set of materials including** a brochure, a DVD and a **handout**.
   注意）プリントは和製英語ですから、使わないように。

5. Please **refer to** the handout I have provided.

スクリーンについての表現

6. Can **everyone in the back** see the screen clearly?

7. I'll be showing you **some data** on the screen.

8. Please look **at the right side of** the screen.

英語で言ってみよう！

円グラフで使う表現

9. この円グラフはアンケートの回答結果を示しています。（pie chart / show）

10. この円グラフは、私たちのプロジェクトの経費内訳を示したものです。（represent / cost breakdown）

11. この円グラフは、顧客の各年齢別グループの割合を示しています。（illustrate / percentage）

グラフを説明する冒頭部の表現

12. 過去3年間の夏物商品と冬物商品の売上を示すグラフの説明から始めさせてください。
（Let me start by＋動詞〜ing / sales figures for＋名詞）

13. ポイントを表で説明させてください。（illustrate）

グラフを使って売上高を説明する表現

14. 売上高の棒グラフをご覧ください。（bar graph / sales figures）

15. このグラフは当社の製品の年度別売上を示しています。（yearly sales）

16. 縦軸は売上高を示しています。（vertical axis / sales figures）

17. 横軸は年度を示しています。（horizontal axis）

18. グラフAは、冬服の売上高が440万ドルに伸びたことを示しています。
（sales for 〜 / rise to 〜）

19. グラフBは、夏服の売上高が160万ドルに下がったことを示しています。
（decline to 〜）

CD2-Track 5

> 決まり表現をスラスラ言えるようになろう！

円グラフで使う表現

9. This **pie chart shows** the results of the questionnaire.
   参考) pie が簡単に食べられるように、pie graph も比較的簡単です。

10. This pie graph **represents** the **cost breakdown** for our project.
    参考) represent は indicate、show と入れ替え可能です。

11. This pie graph **illustrates** the **percentage** of customers in each age group.

グラフを説明する冒頭部の表現

12. **Let me start by** showing you some graphs that show our summer and winter product **sales figures for** the last three years.

13. Let me **illustrate** the point with this chart.

グラフを使って売上高を説明する表現

14. Please look at the **bar graph** showing the **sales figures**.

15. This chart indicates the **yearly sales** of our products.

16. The **vertical axis** shows the **sales figures**.
    参考) line の代わりに axis を使う方がビジネス英語です。

17. The **horizontal axis** represents each year.
    参考) represent と show は同じ意味なので入れ替えられます。

18. Graph A shows that **sales for** winter clothing **rose to** 4.4 million dollars.

19. Graph B indicates that sales for summer clothes **declined to** 1.6 million dollars.

英語で言ってみよう！

20. 縦軸は売上を、横軸は販売月を表しています。
（sales figures / sales month）

21. 赤い線は目標売上、青い線は実売を示しています。
（sales targets / actual sales）

22. 見ての通り、すべての分野において売上目標に達していません。
（fall short of / hit targets）

23. 実線と破線を比較してください。
（solid line / broken line）

24. 製品Aの売上を表すために実線が使われています。
（solid line / show）

25. 製品Bの売上を表すために破線が使われています。
（broken line / show）

26. 製品Aの売上は横ばい状態です。（remain flat）

27. 製品Aの売上は前年並みです。
（remain the same as last year's）

28. 製品Aの売上が前月比で落ち込んでいます。
（month on month）

29. これは季節要因によるもので、毎年同じ傾向を示しています。
（due to / seasonal factors / show the same trend）

30. 売上高が前四半期25％アップしましたことを、ご報告させていただきます。
（be pleased to report / grow by ～％ / last quarter）

決まり表現をスラスラ言えるようになろう！

20. The vertical axis indicates **sales figures** and the horizontal axis indicates **sales month**.
    参考）vertical は名詞も形容詞も vertical です。vertical relationships「縦の関係」も覚えましょう。

21. The red line shows the **sales targets** and the blue line represents **actual sales**.

22. As you can see, we **fall short of hitting** our **targets** in all categories.

23. Please compare the **solid line** with the **broken line**.
    参考）solid は「固い」を意味し、solid line は途切れていないので「実線」と言います。

24. A **solid line** is used to **show** sales of Product A.

25. A **broken line** is used to **show** sales of Product B.
    参考）broken は「破れている」を意味するので broken line は「破線」です。

26. Sales of Product A **remain flat**.
    参考）flat は「平らな」を意味するので、横ばい状態を意味します。

27. Sales of Product A **remain the same as last year's**.

28. Sales of Product A decreased **month on month**.
    参考）(quarter on quarter「前期比で」、year on year「前年度比で」も覚えましょう。
    注意）on を to にしないように。

29. This is **due to seasonal factors** and **shows the same trend** every year.

30. We **are pleased to report** that sales **grew by** 25％ in **the last quarter**.
    参考）魅力的な話題で盛り上がる場合 We are pleased to ～は必須です。

| 英語で言ってみよう！ |

31. 売上高は昨年度から急激に50％伸びました。(increase by ～%)

32. 製品Aの売上が前四半期に飛躍的に伸びました。(skyrocket)

33. 製品Bの売上は12月に天井を打ちました。(peak)

34. 製品Bの売上は7月に底を突きました。(bottom out)

35. 製品Bの売上が前四半期に急激な減少となりました。
（plunge / last quarter）

36. 売上は昨年の3月以来、下降局面に入りました。
（take a downward turn）

| 売上高のプレゼンの結論を説明する表現 |

37. 夏服の売上高が下がった理由を説明させてください。
（Let me explain why ＋ 主語 ＋ 動詞 / decline）

38. 私の話の要点をまとめさせてください。3点あります。
（Let me summarize）

39. 1つ目には、私たちは適切な数量を注意深く予測しなければなりません。
（Firstly / forecast the right quantity of products）

40. これは最後のポイントですが価値が低いわけではありません。(not the least)

41. 私たちは顧客のニーズに応え、そして弊社の商品の品質の良さを顧客に伝えるべきだということで締めくくりたいと思います。
（I'd like to conclude that 主語 ＋ 動詞）

決まり表現をスラスラ言えるようになろう！

31. Sales **increased** sharply **by** 50% from last year.
    重要）by は「程度・差異」を表す時に使われます。

32. Sales of Product A **skyrocketed** last quarter.
    参考）soar、surge、rise sharply、increase sharply、show a sharp rise でも OK です。

33. Sales of Product B **peaked** in December.
    参考）hit a ceiling も同じ意味です。

34. Sales of Product B **bottomed out** in July.
    参考）hit the bottom、reach the bottom も同じ意味です。

35. Sales of Product B **plunged last quarter**.
    参考）plummet、fall sharply、show a sharp decline も同じ意味です。

36. Sales have **taken a downward turn** since last March.

売上高のプレゼンの結論を説明する表現

37. **Let me explain why** our sales for summer clothes have **declined**.
    参考）cause「理由」や factor「要因」を述べることが大切です。

38. **Let me summarize** the main points of my talk. There are three points.

39. **Firstly,** we should carefully **forecast the right quantity of products**.
    参考）Firstly, Secondly, Thirdly で順序立てて述べることが重要です。

40. This is the last point, but **not the least**.

41. **I'd like to conclude that** we should meet the customers' needs and communicate to them the quality of our products.

ビジネス場面実況中継

　グラフを使っての売上実績のプレゼンです。Chapter 5-10を勉強すると理解しやすいです。昨年の売上実績を見ながら、夏の売上が悪い理由を分析し、今後の対策について3点まとめています。1点目は必要な商品の数の予測をすること、2点目はオンラインショップを開設すること、3点目は商品の長所を強調することです。顧客のニーズに応え、顧客に商品の品質の良さを知ってもらうべきだとの結論に達しています。

I'd like to speak today for 20 minutes about the cause of the declining sales in summer and how to increase our sales figures. Please hold your questions until after my presentation.

⑫ Let me start by showing you some graphs that show our summer and winter product sales figures for the last three years.
⑯ The vertical axis shows sales figures and ⑰ the horizontal axis represents each year.

⑱ Graph A shows that sales for winter clothing rose by 10% to 4.4 million dollars year on year.
⑲ Graph B indicates that sales for summer clothes declined by 20% to 1.6 million dollars year on year.

㊲ Let me explain why our sales for summer clothes have declined. We failed to maintain the necessary stocks of basic summer items, which led to shortages of certain colors and sizes in July.

㊳ Let me summarize the main points of my talk. There are three points.
㊴ Firstly, we should carefully forecast the right quantity of products based on customer feedback.

Secondly, we should set up an online store.
Please look at Graph C. The vertical axis shows the sales volume of our products and the horizontal axis shows each month.
This graph shows that sales declined in extreme weather, such as scorching hot months and cold months.
In order to boost sales of summer products, we should sell directly to the customers by setting up an online store. It's more convenient for customers to purchase online when the weather is bad.

Thirdly, we should advertise the merits of our summer clothes, which have a superior anti-perspiration function. Many customers buy our winter clothes, which have a heat retention function; however, customers don't seem to realize the merits of our summer clothes.
Our clothing is thin, light and comfortable to wear.

㊶ <u>I'd like to conclude that we should meet the customers' needs and communicate to them the quality of our products.</u>
Thank you very much for your attention.

Now, we'll have a Q&A session for 10 minutes.

3・プレゼンテーションの英語

重要語句をチェック！

- □ vertical axis 　縦軸　　□ horizontal axis 　横軸
- □ fail to ～ 　～することができない　　□ maintain 　維持する　　□ stock 　在庫
- □ lead to ～ 　～という結果になる　　□ shortage 　不足
- □ summarize 　まとめる　　□ forecast 　予測する　　□ quantity 　数量
- □ set up ～ 　～を設立する　　□ sales volume 　販売数
- □ extreme weather 　極端な天候　　□ scorching hot 　酷暑の
- □ boost 　伸ばす・増やす　　□ anti-perspiration function 　汗撥水性機能
- □ heat retention 　保温機能　　□ realize 　気づく　　□ thin 　薄い

199

日本語訳

本日は夏の売上が落ちた理由と売上高を上げる方法について20分お話しさせていただきます。私のプレゼンが終わるまで質問はお控えください。

⑫過去3年間の夏物商品と冬物商品の売上を示すグラフの説明から始めさせてください。⑯縦軸は売上高を示し、⑰横軸は年度を示しています。

⑱グラフAは冬物衣料が前年度比で10％上昇し440万ドルに伸びたことを示しています。⑲グラフBは夏物衣料の売上が、前年度比で20％減少し160万ドルにまで下がったことを示しています。

㊲夏服の売上高が下がった理由を説明させてください。私たちは夏の基本商品の必要な在庫を維持することに失敗しました。そして、それが原因で7月に色とサイズが不足したのです。

㊳私の話の要点をまとめさせてください。3点あります。
㊴1つ目は、私たちは顧客のフィードバックに基づき適切な数量を注意深く予測しなければなりません。

2つ目は、オンラインショップを設立するべきです。
グラフCをご覧ください。
縦軸は全商品の販売数を、横軸は月を示しています。
グラフが示すように酷暑の月、寒い月などのような極端な気象下では、販売数が落ち込みます。
夏物製品の売上高を伸ばすためには、オンラインストアを設立して顧客に直接商品を販売するべきです。天気の悪い日には、顧客にとってオンラインで購入する方が便利です。

3つ目は、汗撥水性機能を持つ夏服の長所を、もっと宣伝するべきです。
多くの顧客は弊社の保温機能を持つ冬服を購入します。しかしながら、夏服の利点には気づいていないようです。弊社の衣服は薄く、軽く、着心地がよいのです。

㊶私たちは顧客のニーズに応え、そして弊社の商品の品質の良さを顧客に伝えるべきだという結論で締めくくりたいと思います。ご清聴ありがとうございます。それでは今から、10分間のQ&Aを始めます。

ビジネス英語講座実況中継

先生：Firstly, Secondly, Thirdly と、プレゼンの要点を順序よく説明していますね。
　　　Chapter 5-10 の在庫管理の復習でもあります。
生徒：わかったような気もしますが、売上の上昇を％で表して説明するのはムズカシイですね。
先生：基本表現を組み立てることによって、グラフで説明するプレゼンができるようになります！　決まり表現18とプレゼン実況中継の中ほどの文を比べてみましょう。

by 10%「度合」と year on year「前年度比で」の表現

例文18　：Graph A shows that sales for winter clothing rose to 4.4 million dollars.
　　　　　グラフAは冬服の売上高が440万ドルに伸びたことを示しています。
プレゼン：Graph A shows that sales for winter clothing rose by 10% to 4.4 million dollars year on year.
　　　　　グラフAは冬物衣料が前年度比で10%上昇し440万ドルに伸びたことを示しています。

　　プレゼンからの抜粋文の下線がついていない部分を見ましょう。by 10% は「度合い」を示します。year on year は「前年度比で」を意味します。
生徒：なるほど。決まり表現18で Graph A shows や rose to ～などの基礎を作り、新たなるパーツ by 10%「度合い」、や year on year は「前年度比で」をつけているのですね！

先生：決まり表現28にはmonth on month「前月比で」、決まり表現31にはby 50%を使った基本例文がありますので、しっかり復習しましょう。

生徒：はい。「前年度比で」＝year on yearの表現も覚えられて、とても役に立ちそうです。

先生：日本人が間違いやすい表現

> year on year：「前年度比で」
> year by year：「年を追うごとに」は徐々に変化している様子を表す場合に使います。
> year after year：「来る年も来る年も」良くない状況が単調に繰り返される場合に使います。

生徒：前置詞on、by、afterで、こんなにも違うのですね。

先生：グラフを使って売上を説明する楽しい表現を覚えましょう。

> skyrocket「急激に伸びる」
> plunge「急激に減少する」
> hit the ceiling「天井を打つ」
> hit the bottom「底を突く」

hit the ceilingは「かんかんに怒る」も意味します。

生徒：楽しく覚えられますね！質問なのですがfail to〜とcan'tは同じですね。教えてください。書き換えられますか？

先生：fail toとcan'tの違いについて
学校英語ではfail to＝can'tと学びましたが、ビジネス英語のプレゼンではcan'tは使わない方がいいです。couldn't＝「能力がない」を、failed to〜＝「〜に失敗した」を意味します。

○ We failed to maintain the necessary stocks of basic summer items.
「私たちは、夏の基本商品の必要な在庫を維持することに失敗しました」
△ We couldn't maintain the necessary stocks of basic items.
「私たちは、夏の基本商品の必要な在庫を維持することができませんでした」

生徒：よく理解できました。
先生：最後にグラフの基本名詞をまとめたので覚えてください。

グラフの種類の単語

表→tablet
数字→figures
割合→percentage
棒グラフ→bar graph
円グラフ→pie graph
折れ線グラフ→line graph
帯グラフ→band graph、column graph（縦の）棒グラフ
（横の）棒グラフ→bar graph
実線→solid line
直線→straight line
点線→dotted line
曲線→curved line
波線→wavy line

生徒：**This is the last point, but not the least.**「最後のポイントですが重要でないわけではありません」ですね！
先生：はい、よろしい！　決まり表現40を使って話してくれたのですね。

3・プレゼンテーションの英語

Chapter 4
交渉の英語

Chapter 4-1
見積もり依頼・提示・交渉の結果

重要表現※かっこの中の表現を使って、英語で練習しましょう。

> 英語で言ってみよう！

> 顧客のカタログ請求と見積もり依頼に関する表現

1. 御社がデイリータイムズで5月10日に広告されていました最新式のHorizonデジタルカメラに興味があります。(the latest / advertised in ～)

2. 最新のカタログと価格リストを送ってくださいませんか？
（up-to-date / price list）

3. New Centuryデジタルカメラ40台の見積もりをいただきたいのですが。
（get an estimate for＋商品名）

4. 数量購入割引をしてくれますか？（discount for a bulk order）

5. CIF価格を見積もっていただけませんか？（quote＋us＋the CIF price?）

6. ミニマムのロット（商品発注時の数量単位）はいくらですか？
（what's / order quantity）

> 業者側の見積もりに関する表現

7. お問い合わせをいただき、ありがとうございます。(receive your inquiry)

8. 商品の品番をいただけますか？（item number of the product）

9. 注文数はどのようになさいますか？（what's）

10. 価格見積もりFOB（本船渡し値段）をご希望ですか、CIF（運賃・保険料・手数料込）ですか？

新規開発の見積もり依頼・交渉には2種類あります。1つ目は知人の紹介や広告を見て依頼する場合、2つ目は、展示会でカタログを入手し商品の説明を聞き、後日見積もりの依頼を交渉する場合です。

> 決まり表現をスラスラ言えるようになろう！

顧客のカタログ請求と見積もり依頼に関する表現

1. We're interested in **the latest** Horizon digital camera **advertised in** the Daily Times on May 10th.
   参考）商品を見た場所としては on your website や in the Trade Show などがあります。

2. Would you send us an **up-to-date** catalogue and **price list**?

3. We'd like to **get an estimate for** 40 units of your New Century digital camera.

4. Could you give us a **discount for a bulk order**?

5. Could you **quote us the CIF price**?

6. **What's** the minimum **order quantity**?

業者側の見積もりに関する表現

7. We're pleased to **receive your inquiry**.

8. Could you give me the **item number of the product**?

9. **What's** the order quantity?
   参考）What's の次に price「価格」、charge「料金」、postage「郵便料金・送料」、exchange rate「為替レート」などを入れることもできます。

10. Would you like an FOB or a CIF price estimate?
    重要）FOB は（Free on board）、CIF（Cost Insurance Freight）輸出は FOB、輸入は CIF で計算されることが多いです。

| 英語で言ってみよう！ |

11. 全商品カタログ表示定価の15％割引きになります。
（offer ＋ 〜% off on ＋ 商品名 / list price）

12. 50台以上お買い上げの場合のご注文は、数量割引で30％割引きにさせていただいています。
（offer a volume discount of 〜% on orders of ＋ 個数）

13. 単価は30ドルですので、9製品お買い上げの場合は全部で270ドルになります。
（unit price / total price）

14. 同じ商品を10個以上お買い上げいただければ10％割引きさせていただきます。
（offer a 〜 percent discount）

15. ご注文の合計額は5,000ドルになります。
（set the total price at ＋ 金額）

16. 税金は価格に含まれていません。（include）

17. 税込の価格です。（after tax）

18. 送料と取り扱い手数料は含まれていません。
（shipping fee / handling fee）

19. 送料は、弊社が持ちます。（take care of 〜）

20. この見積もりは発行日から30日間有効です。
（be valid for ＋ 期間 / from the date of issue）

21. この見積もりの請求はいたしません。（charge for 〜）

> 決まり表現をスラスラ言えるようになろう！

11. We can **offer** 15% **off** the **list price on** all products.
注意）on を to にしないように。

12. We're **offering a volume discount of** 30% **on orders of** 50 or more. 注意）more than 50の場合は、50は入りません。

13. The **unit price** is $30 and the **total price** is $270 if you buy 9.

14. We **offer a** 10 **percent discount** if you purchase 10 or more of the same item.
注意）percent は複数にしません。

15. We can **set the total price** of the order **at** $5,000.

16. Tax isn't **included** in the price.
参考）It's the price before tax と同じ意味です。

17. It's the price **after tax**.
注意）Tax is included in the price と同じ意味。税引価格と勘違いしないように。

18. The **shipping** and **handling fees** are not included.
注意）fee「料金」と fare「運賃」を間違わないように。

19. We'll **take care of** the shipping fees.

20. This estimate will **be valid for** 30 days **from the date of issue**.
参考）be valid until ＋ 日付も覚えましょう。

21. We don't **charge for** the estimate.

英語で言ってみよう！

顧客の値下げ交渉の表現

22. 御社の見積もり価格は思っていたより高いです。
（estimated price）

23. 価格を下げてくださいませんか？（Could / lower）
＊23〜27はCould〜で練習しましょう。

24. 価格を下げていただくことは、可能でしょうか？
（give us a better price）

25. 価格面でもっと良い提案をしてくださいませんか？
（improve your offer price-wise）

26. さらに5％値引きしてくださいませんか？
（give us an additional 〜％ discount）

27. 注文量を増やしたら30％割引きにしていただけますか？
（increase the size of the order）

28. もう少し割り引いていただけないでしょうか？
（Would it be possible to 〜 / a little more discount）

29. 10％割引きしてくださるようなら発注します。
（place an order）

業者側の値下げ交渉（カウンターオファー）に関する断りの表現

30. 申し訳ないのですが、これが、弊社が提供させていただける精いっぱいの価格です。（best price）

31. それはほとんど卸売価格と同じです。（wholesale price）

> 決まり表現をスラスラ言えるようになろう！

顧客の値下げ交渉の表現

22. Your **estimated price** is higher than we expected.

23. **Could** you **lower** the price?
    参考）やや直接的です。

24. Could you **give us a better price**?
    参考）give の代わりに offer にするとややフォーマルです。

25. Could you **improve your offer price-wise**?
    参考）time-wise「時間の面で」、quality-wise「品質面から言えば」、quantity-wise「数量の観点から言えば」なども覚えましょう。

26. Could you **give us an additional** 5％ **discount**?
    重要）この場合 another 5％ discount は×です。他の商品も5％割引きしてもらっているのでこの商品も5％割引きを依頼していることになります。

27. Could you give us a 30％ discount if we **increase the size of the order**?

28. **Would it be possible to** give us **a little more discount**?

29. We'll **place an order** if you reduce the price by 10％.

業者側の値下げ交渉（カウンターオファー）に関する断りの表現

30. I'm afraid this is the **best price** we can offer you.
    参考）bottom price や lowest price よりも best price の方が魅力的に聞こえます。final price は、きつい印象を与えます。

31. That's almost the same as the **wholesale price**.

英語で言ってみよう！

32. 実際、この価格でどうにかこうにか利益が出る程度です。
（barely / make a profit at ＋ 価格）

33. 他の業者からは絶対にこの価格では同じ質の商品は購入できないと思います。
（I'm sure / product of the same quality at this price）

顧客側の検討に関する表現

34. 御社のデジタルカメラを購入すべきかどうかを決定するには時間が必要です。
（whether or not to ＋ 動詞の原形）

35. 御社の価格と他のサプライヤーの価格を比較させていただきたいと思います。
（compare your prices with / supplier）

36. 御社の競合他社が、もっと良い価格を提示しています。（competitor）

37. 私は決定できる立場ではありません。上司と相談しなければなりません。
（be in a position）

業者側の値下げ交渉（カウンターオファー）に関する受諾の表現

38. 値引き依頼のカウンターオファーを受諾いたします。
（requesting a price discount）

カウンターオファーの受諾に応じる表現

39. 妥当な価格かもしれませんが。
（seem to / fair price）

40. 良い価格のようです。（sound like / fair price）

41. OKです。契約しましょう。（close a deal）

> 決まり表現をスラスラ言えるようになろう！

32. Actually, we can **barely make a profit at** this price.
　　参考）準否定で barely は「かろうじて〜する」を意味します。

33. **I'm sure** that you won't be able to purchase a **product of the same quality at this price** from other suppliers.

> 顧客側の検討に関する表現

34. I still need some time to decide **whether or not to** purchase your digital cameras.

35. We'd like to **compare your prices with** those of other **suppliers**.

36. Your **competitor** is offering us a better price.

37. I'm not **in a position** to decide, so I have to talk with my boss.

> 業者側の値下げ交渉（カウンターオファー）に関する受諾の表現

38. We will accept your counter offer **requesting a price discount**.

> カウンターオファーの受諾に応じる表現

39. That **seems to** be a **fair price**.
　　参考）やや満足しきってない印象を与えます。

40. That **sounds like** a **fair price**.
　　参考）seem to はあいまいでも sound like は喜んでいるような響きがあります。

41. OK. Let's **close a deal**.
　　参考）finalize a deal でも OK です。
　　　　　make a deal「取引する」ですが、Let's make a deal は「さあ交渉を始めましょう」。交換条件などを申し込む場合に使われます。

4・交渉の英語

英語で言ってみよう！

交渉決裂の場合の双方の表現

42. 申し訳ないのですが、他社に発注せざるを得ません。
（have to / place the order elsewhere）

43. またお仕事をさせていただけることを希望いたします。
（do business with you）

オリジナル注文の場合の顧客と業者の交渉の基本表現

44. オリジナルのデザインで生産した場合のミニマムのロットはいくらになりますか？
（What's / order quantity / when ordering original designs）

45. ミニマム発注量は1万個です。
（minimum order quantity）

46. なぜミニマム発注量がそんなに多いのですか？
（large）

47. 御社のオリジナルを作るのには、かなりコストがかかります。
（It'll cost a lot）

48. 工場で1万個作るにはどれくらい時間がかかるか、教えてくださいませんか？
（how long it'll take / unit）

> 決まり表現をスラスラ言えるようになろう！

> 交渉決裂の場合の双方の表現

42. I'm afraid we'll **have to place the order elsewhere**.
　　注意）have to は、状況など外部的要因によってせざるを得ない場合、must は自分の意思で決定する場合です。
　　重要）「他社に」→「どこかほかのところに」→elsewhere を覚えましょう。

43. I hope I'll have another opportunity to **do business with you**.

> オリジナル注文の場合の顧客と業者の交渉の基本表現

44. **What's** the minimum **order quantity when ordering original designs**?

45. The **minimum order quantity** is 10,000.

46. Why is the minimum order quantity so **large**?
　　参考）発注量が少ない場合は small です。

47. **It'll cost a lot** to make an original design for your company.

48. Could you tell me **how long it'll take** for the factory to manufacture 10,000 **units**?
　　参考）units は製品の個数を表す場合に広範囲に使えます。
　　注意）この場合の「教える」は tell です。teach は「教授する・伝授する」を意味するので×です。

ビジネス場面実況中継

ホームページで最新型のデジカメを見た顧客が見積もり書の依頼の電話をかけています。業者が期間限定の数量割引を勧めている場面です。

顧客：Hello, this is John Harrison from ABC Mart. I saw your products on your website. I'm calling because ③ <u>we'd like to get an estimate for 40 units of your New Century digital camera.</u> You're now offering 15% off the list price on all products, right? ㉘ <u>Would it be possible to give us a little more discount?</u>

営業：⑫ <u>We're offering a volume discount of 30% on orders of 50 or more</u> from May 1st till 7th. I strongly recommend you purchase 50 or more.

顧客：We don't need 50. We'd like to purchase 40. ㉖ <u>Could you give us an additional 5% discount?</u>

営業：㉚ <u>I'm afraid this is the best price we can offer you</u> if you purchase 40.
Would you like me to send you two estimates?

顧客：Yes. ㉟ <u>We'd like to compare your prices with those of other suppliers.</u>
I'll get back to you after talking with my boss.

重要語句をチェック！

- get an estimate for ～　～の見積もりを手に入れる
- offer ～ %　～%の割引をする
- list price　カタログ記載価格
- volume discount　数量割引
- purchase　購入する
- best price　精いっぱいの価格
- supplier　業者

日本語訳

顧客：もしもし、ABC マートのジョン・ハリソンです。御社のホームページで商品を見ました。③ New Century デジタルカメラ40台の見積もりをいただきたいのでお電話しています。今はすべての商品にカタログ料金の15％割引をされていますね？ ㉘もう少し割り引いていただけないでしょうか？

営業：5月1日から5月7日までは⑫50台以上お買い上げの場合のご注文は数量割引で30％割引にさせていただいています。50台以上のお買い上げをお勧めします。

顧客：50台は必要ないのです。40台購入したいのです。㉖さらに5％値引きしてくださいませんか？

営業：㉚申し訳ないのですが、40台購入される場合のこれが、弊社が提供させていただける精いっぱいの価格です。2通のお見積書をお送りしましょうか？

顧客：はい。㉟御社の価格と他のサプライヤーの価格と比較させていただきたいと思います。上司と話し合ってから、ご連絡いたします。

ビジネス英語講座実況中継

先生：ダイアローグでの価格交渉は丁寧な依頼表現が使われています。ビジネスで英語を使い始めた人が Could you make it cheaper?「もっと安くしてください」と交渉しているのを耳にしますが、店員さんにお客さんが値切っているように聞こえるので気をつけましょう。

生徒：はい！ 言ってしまいそうなので気をつけます。注文の英語は難しいです。

先生：それでは、ボキャブラリーをしっかり身につけましょう。

先生：見積もり・価格・割引のボキャブラリーを覚えましょう。

見積もり→estimate「見積もり」は見積もり後、価格が変動する可能性があります。
　　　　　quotation「見積もり」を意味しますが、見積もり後価格は変動しません。

数量割引→discount on bulk orders と volume discount の2種類の表現

> がありますが、意味は同じです。
> 送料→shipping and handling costs「送料と手数料」
> 定価→regular price と fixed price は同じで「定価」を意味します。
> カタログ記載価格→list price
> 単価→unit price
> 卸売価格→wholesale price→wholesale は名詞の場合は「卸売り」、動詞の場合は「卸売りする」の意味を持ちます。
> 　　　　　　　　　　　　　例：sell something at the wholesale price「卸売価格で売る」
> 小売価格→retail price　　retail は名詞の場合は「小売り」、動詞の場合は「小売りする」の意味を持ちます。

生徒：なるほど、ところで wholesaler に「問屋」という意味もあるのですか？
先生：あります！　それでは、業者に関するボキャブラリーを確認しましょう。

> 納入業者→supplier
> 下請け業者→subcontractor、outsourcing company
> 販売業者・販売代理店→distributor
> 卸売業者・問屋→wholesaler
> 小売業者→retailer、retail store

生徒：交渉する時に、ship「出荷する」と deliver「配達する」を間違って使ってしまうことがあります。
先生：それは大変です。shipping date「出荷日」と delivery date「配達日」を間違うと大変ですね。
　　　基本的なことですが ship「出荷する」について 確認しましょう。
　　　ship は船で出荷することではありません。どの輸送機関を使用して出荷する時にも使います。昔は輸送手段として船が使われていたために ship「出荷する」が生まれたのです。
　　次の Chapter 4-2 に入る前に 注文に関するボキャブラリー を確認しましょう。

注文する→place an order、make an order、order
注文を確認する→confirm an order
注文を処理する→process an order
注文をキャンセルする→cancel an order、withdraw an order
入荷待ちの商品をキャンセルする→cancel a backorder
注文を保留にする→suspend an order

次に 契約に関するボキャブラリー を覚えましょう。

契約を作成する→draw up a contract
契約を獲得する→win a contract
取引をまとめる→close a deal
契約を失う→lose a contract
契約を取り消す→cancel a contract
契約に違反する→breach a contract
契約を修正する→modify a contract
契約を延長する→extend a contract
契約を更新する→renew a contract

先生：**close a deal**「取引をまとめる」を「取引をやめる」と間違って覚えている人も多いので、気をつけましょう。正しい語法を使うことが契約では特に大切です。ボキャブラリーの正しい語法をコツコツ身につけましょう！
生徒：がんばります！

Chapter 4-2
納期の交渉・支払条件・契約

重要表現※かっこの中の表現を使って、英語で練習しましょう。

> 英語で言ってみよう！

納期に関する顧客の表現

1. Excellent 電波時計を100個注文したいのです。（place an order for）

2. 納品にどれくらい時間がかかりますか？（take）

3. 5月5日までに 納品していただけますか？（Could you / deliver）

4. 納期を繰り上げてくれませんか？（expedite / delivery date）

5. 納期の遅れに対する補償についてご説明ください。
   （guarantee against late delivery）

納期に関する業者側の表現

6. ご注文の商品を3日以内に出荷できます。（ship the order）

7. 受注から納品まで5営業日かかります。（business day）

8. 最新型の電波時計は、とても需要が高いのです。（be in great demand）

9. 御社を優先させていただきます。（give priority）

10. 御社はお得意様でいらっしゃいます。（preferred customer）

11. 遅くても絶対に5月5日までに納品させていただきます。（at the latest）

注文する側にとって割引交渉が成功しても納期が間に合わなければ、大変なことになる場合があります。納期・支払条件を確認し合い、慎重に契約を結びましょう。

> 決まり表現をスラスラ言えるようになろう！

納期に関する顧客の表現

1. We'd like to **place an order for** 100 Excellent radio clocks.

2. How long will it **take** to deliver them to us?

3. **Could you deliver** them by May 5th?

4. Could you **expedite** the **delivery date**?
   参考）move up、advance も「繰り上げる」の意味を持ちます。

5. Would you explain the **guarantee against late delivery**?

納期に関する業者側の表現

6. We can **ship the order** within 3 days.
   参考）ご注文の品は、ひとまとめと考えて「the order」でOKです。

7. It'll take 5 **business days** for delivery after we receive your order.
   重要）business day「営業日」をしっかり覚えましょう。

8. Our latest radio clocks have **been in great demand**.

9. We'll **give** you **priority**.

10. You're a **preferred customer**.

11. We'll definitely deliver them by May 5th **at the latest**.
    参考）at the latest を加えることで、さらに「絶対に5月5日までには」の意味が強まります。

英語で言ってみよう！

在庫状況と納品日に関する交渉の表現

12. Super 目覚まし時計を30個と Century デジタルカメラを20台注文したいのですが。
(We'd like to order ～ / alarm clock)

13. 在庫状況を確認させてください。
(inventory status)

14. それらの在庫があるかどうかの確認をさせてください。
(be in stock)

15. 現在、Century デジタルカメラは、在庫が切れています。
(currently / be out of stock)

16. Century デジタルカメラは入荷待ちです。
(be back-ordered)

17. 製品はいつ入荷されるか教えてください。
(in-stock date)

18. 入荷日は5月11日の予定です。
(be scheduled for ～)

19. 商品が入荷され次第、お知らせします。(be in stock)

20. 納品には2つの選択肢があります。(delivery options)

21. 1つ目は、本日30個の Super 目覚まし時計を出荷し、5月11日に20台のデジタルカメラを出荷することです。(ship)

22. もう1つは両方のご注文を5月11日に出荷することです。(Alternatively)

| 決まり表現をスラスラ言えるようになろう！ |

在庫状況と納品日に関する交渉の表現

12. **We'd like to order** 30 Super **alarm clocks** and 20 Century digital cameras.
    参考）個人ではなく会社が注文する場合は We と言います。

13. Let me check the **inventory status**.
    注意）status「状況」を statue「像」と間違えないように。

14. Let me see if they **are in stock**.

15. The Century digital cameras **are currently out of stock**.
    重要）「在庫がある」は in stock です。

16. The Century digital cameras **are back-ordered**.
    参考）be back-ordered は be on backorder と同じ意味を持ちます。

17. Let me know the **in-stock date**.

18. The in-stock date **is scheduled for** May 11th.

19. I'll notify you as soon as the items **are in stock**.

20. There are two **delivery options**.

21. First, we can **ship** the 30 Super alarm clocks today and the 20 digital cameras on May 11th.

22. **Alternatively,** we can ship both of your orders on May 11th.

英語で言ってみよう！

注文品が製造中止、またはアップグレードした型がある場合の表現

23. ご注文の型は製造中止です。（be discontinued）

24. 商品Xの型はもうございませんが、アップグレードされた型はございます。
（be no longer available / upgraded version）

注文変更の表現

25. 注文品の数量を変更したいです。
（change the quantity of ～）

26. 注文品の色をブルーからホワイトに変更したいです。
（the color of the order from A to B）

27. Centuryデジタルカメラ20台をキャンセルしてSuper目覚まし時計を50個注文します。
（cancel / place an order for ～）

支払方法・条件に関する表現

28. お支払い方法には、いくつかの選択肢があります。（payment option）

29. 一括払いしていただければ、さらに2％割引させていただきます。
（in a lump sum）

30. 現金でお支払いの場合は、さらに1％割引させていただきます。
（pay in cash / give an additional discount）

31. 4分割で支払いたいのですが。（in ＋ 数字 ＋ installments）

32. 分割プランでお支払いをしていただけます。（on an installment plan）

決まり表現をスラスラ言えるようになろう！

注文品が製造中止、またはアップグレードした型がある場合の表現

23. The model you ordered has **been discontinued**.

24. Product X **is no longer available**, but an **upgraded version** is available.

注文変更の表現

25. We'd like to **change the quantity of** our order.

26. We'd like to change **the color of the order from** blue **to** white.

27. We'll **cancel** the 20 Century digital cameras and **place an order for** 50 Super alarm clocks.

支払方法・条件に関する表現

28. There are several **payment options**.

29. If you pay **in a lump sum**, we can give you an additional 2% discount.

30. If you **pay in cash**, we will **give** you **an additional** 1% **discount**.

31. We'd like to pay **in** four **installments**.

32. You can pay **on an installment plan**.

| 英語で言ってみよう！ |

33. 銀行振り込みでお支払いをお願いいたします。
（make the payment / by bank transfer）

34. 小切手も為替も受けつけません。（money order）

35. アメリカドルでお支払いいただきたいです。
（pay in U.S. dollars）

36. 全額の10％を、頭金としてお支払いいただかなければなりません。
（as a deposit）

37. ご注文の商品は、代金を全額受領しだい発送させていただきます。
（payment in full）

| 支払期日に関する表現 |

38. 支払期日はいつですか？（deadline for payment）

39. 支払期日はいつですか？（be due）

40. 支払期日は請求書の日付から60日以内です。
（be due / invoice date）

41. 商品受領後にお支払いいただけます。（your order）

| 注文決定と確認に関する表現 |

42. 100台のExcellent電波時計を発注いたします。
（place an order for 〜）

43. コード番号を注文書に書いてくださいますか？
（code number / order sheet）

CD2-Track 18

> 決まり表現をスラスラ言えるようになろう！

33. We'd like you to **make the payment by bank transfer**.

34. We don't accept checks or **money orders**.

35. I'd like you to **pay in U.S. dollars**.

36. You're required to pay 10% of the total sum **as a deposit**.

37. We'll ship your order after receiving your **payment in full**.

> 支払期日に関する表現

38. What's the **deadline for payment**?
    参考）due date「締切日」の方が、やや優しいイメージです。

39. When **is** the payment **due**?

40. Payment **is due** within 60 days from the **invoice date**.

41. You can pay after receiving **your order**.

> 注文決定と確認に関する表現

42. We'll **place an order for** 100 Excellent radio clocks.
    参考）話し合ってその場で決める場合は未来形を用います。条件を持ち帰ってから決めた場合は現在完了形になり、We've decided to place an order for 100 radio clocks. を使います。

43. Would you please write the **code number** on the **order sheet**?

227

英語で言ってみよう！

44. 確認のために、ご注文を繰り返してもよろしいですか？
（Could I ＋ 動詞の原形 / confirm）

45. ご注文を再確認させてください。（Let me ＋ 動詞の原形 / double-check）

> リース契約の交渉の表現

46. 1週間の試用期間の後、週間会議でリース契約に決めました。
（make a lease agreement）

47. リース条件を詳しく説明してくださいませんか？（lease terms）

48. リース期間はどれくらいを考えていますか？（lease term）

49. それは条件によりますが、今は1年リースを考えています。（terms）

50. リース期間を延長される可能性があるのなら、長い期間の方がお得です。
（If there is a possibility of / extending the lease term）

51. リース期間が満期になる前に契約解除したらどうなりますか？（expire）
（What if ＋ 主語 ＋ 動詞 / expire）

52. 御社は早期解約手数料を支払わなければなりません。
（early termination fee）

53. 間違った使用方法で破損が生じた場合は顧客が弁償しなければなりません。
（be caused by incorrect use / pay compensation）

> 決まり表現をスラスラ言えるようになろう！

44. **Could I** repeat your order to **confirm**?
    参考）ミスを防ぐために再確認することはとても大切です。

45. **Let me double-check** your order.
    参考）44の Could I 〜の方が Let me 〜より丁寧です。

> リース契約の交渉の表現

46. After a trial period of a week, we decided at the weekly meeting to **make a lease agreement**.

47. Could you explain the **lease terms** in detail?
    重要）terms「条件」、term「期間」を間違って使わないように。

48. What's the **lease term** you are considering?

49. It depends on the **terms**, but we're now thinking about a one-year lease.

50. **If there is a possibility of extending the lease term,** a longer term would be more economical.

51. **What if** we cancel the agreement before the lease term **expires**?

52. You will have to pay an **early termination fee**.

53. If the damage **is caused by incorrect use**, the customer has to **pay compensation**.

ビジネス場面実況中継

需要の高い電波時計の納期交渉と支払方法の交渉後、一括支払いで購入決定の場面です。

顧客：We're thinking of giving our clients Excellent radio clocks as gifts at our company's 40th anniversary party on May 6. Our order quantity is 100. ③ <u>Could you deliver them by May 5th?</u>

営業：⑧ <u>Our latest radio clocks have been in great demand,</u> but ⑨ <u>we'll give you priority,</u> as ⑩ <u>you're a preferred customer.</u>
⑪ <u>We'll definitely deliver them by May 5th at the latest.</u>

顧客：Next, we'd like to know about the payment terms.

営業：㉘ <u>There are several payment options.</u> ㉜ <u>You can pay on an installment plan.</u>
However, ㉙ <u>if you pay in a lump sum, we can give you an additional 2% discount.</u>

顧客：Let me see. If I pay in a lump sum, ㊳ <u>what's the deadline for payment?</u>

営業：㊵ <u>It is due within 60 days from the invoice date.</u>

顧客：OK. ㊷ <u>We'll place an order for 100 Excellent radio clocks.</u> And we'll pay in a lump sum.

------ After the client has filled in the order form ------

営業：㊹ <u>Could I repeat your order to confirm?</u>

重要語句をチェック！

- anniversary party　創立パーティー
- order quantity　注文数量
- latest　最新式の
- be in great demand　需要が高い
- priority　優先
- payment terms　支払い条件
- installment　分割
- in a lump sum　一括して
- be due　締め切る
- invoice date　請求書の日付

日本語訳

顧客：5月6日の会社の創立40周年記念パーティーでお客様にExcellent電波時計を贈呈しようかと考えています。注文数は100個です。
③5月5日までに 納品していただけますか？

営業：⑧最新型の電波時計は、とても需要が高いのですが、⑨御社を優先させていただきます。⑩御社はお得意様でいらっしゃいます。⑪遅くても絶対に5月5日までに納品させていただきます。

顧客：次に、支払い条件についてお伺いしたいのですが。

営業：㉘お支払い方法には、いくつかの選択肢があります。
㉜分割プランでお支払いをしていただけます。
ですが、㉙一括払いしていただければさらに2％割引させていただきます。

顧客：そうですね。一括払いの場合、㊳支払期日はいつですか？

営業：㊵お支払期日は請求書の日付から60日以内です。

顧客：わかりました。㊷100台のExcellent電波時計を発注します。支払いは一括にしますね。

········ 顧客が注文書に記入した後で ········

営業：㊹確認のために、ご注文を繰り返してもよろしいですか？

ビジネス英語講座実況中継

生徒：単語がムズカシカッタデス～。

先生：交渉の ビジネス単語は理解し覚えること が大切です。
単語は関連付けて覚えましょう。
in a lump sum「一括払いで」のlumpは「塊」、sumは「合計・金額」の意味を持ちます。

生徒：なるほど、「塊の金額」だから「一括」なのですね。
installment planはなぜ、「分割プラン」ですか？ installは動詞では「インストールする・組み込む・据え付ける」installmentはinstallの名詞ですよね。「取り付け・据え付け」の意味は知っていたのですが、なぜ「分割」なのですか？

先生：語源から単語を覚える方法 で説明しましょう。
install ＝ in ＋ stall で、in は「内部へ」で、stall は「区切られた部屋」の意味があります。つまり内側の区切られた部屋→全体の中の一部分です。だから、「分割する」の意味を持ちます。

生徒：パソコンの中にソフトウェアをインストールするのは、全体の中の一部分にするためですか？

先生：はい、よろしい！　とてもよく理解できています！
installment contract「分割契約」、installment delivery「分割引き渡し」を意味することも覚えましょう！

生徒：先生、質問です。inquiry はなぜ「問い合わせ」を意味するのですか？

先生：inquiry「問い合わせ」は inquire「問い合わせる」の名詞です。

語源から単語を覚える方法

inquire ＝ in「内側へ」＋ quire「求める」＝「問い合わせる」
「内側へ求める」ですから、名詞 inquiry は「問い合わせ」を意味します。
require ＝ re「繰り返し」＋ quire「求める」＝「繰り返し求める」＝「要求する」を意味します。

生徒：な〜るほど！　ナットクです。expire はなぜ「終了する」を意味するのですか？

先生：語源から単語を覚える方法

expire ＝ ex「外へ」＋ spire「息をする」→「息を外へ出す」＝「息を引き取る」＝「終了する」を意味します。
inspire ＝ in「内側に」＋ spire「息をする」→「内側に息を吹き込む」＝「人の心の中に息を吹き込む」＝「影響を与える・励ます」
perspire ＝ per「通して」＋ spire「息をする」→「通して息をする」＝「発汗する」なども覚えましょう。

生徒：連想しながら覚えると楽しいですね。

先生：ちょっとビジネス英語からそれましたが、ビジネス英単語に戻りましょう。
term と terms と termination の違い がわかりますか？

生徒：え〜っと、決まり表現にあったような〜。すみませんが思い出せません。

先生：リース契約の交渉の表現の決まり表現47〜50をもう一度復習しましょう。
term は「期間」、terms は「条件」です。条件は複数あることが多いので terms と覚えましょう。termination は「解約・終了・解雇・退職」を意味します。決まり表現の52を見ましょう。early termination fee の意味を覚えていますか？

生徒：「早期解約料金」ですね！ このリース契約の英語はとても重要です。というのは、私の会社はこれから医療機器を海外からレンタルする可能性が高いからです。

先生：レンタルの交渉の場面での決まり表現50．If there is a possibility of extending the lease term, a longer term would be more economical. というふうに、医療機器の会社は交渉してくると思いますよ。

生徒：extend the lease term「リース期間を延長する」の extend の語源 ex- は、よく登場しますが、意味は「外へ」とだけ覚えればよいですか？

先生：3つの意味があります。語源から単語を覚える方法 でボキャブラリーを増やしましょう

外へ　extend ＝ ex「外へ」＋ tend「伸ばす」＝「延長する」
　　　export ＝ ex「外へ」＋ port「運ぶ」＝「輸出する」
　　　exceed ＝ ex「外へ」＋ ceed「行く」＝「超える」
全く　exterminate ＝ ex「全く」＋ terminate「終わらせる」
　　　＝「絶滅させる」
前の　ex-president ＝ ex「前の」＋ president「社長」＝「前社長」

生徒：なるほど！ exceed の ceed は「行く」の意味を持つのですね？

先生：語源から単語を覚える方法 でボキャブラリーを増やしましょう。

precede ＝ pre「前に」＋ cede「行く」＝「先行する」
concede ＝ con「ともに」＋ cede「行く」＝「譲歩する」

Chapter 4-3
苦情と謝罪

重要表現※かっこの中の表現を使って、英語で練習しましょう。

英語で言ってみよう！

間違った商品に対する顧客の苦情の表現

1. 間違った商品を受け取りました。（wrong product）

2. 注文した商品とは異なった商品が送られてきました。
（different products from what I ordered）

3. 白いTシャツ100枚を注文しましたが、黒いTシャツ100枚を受領しました。
（place an order for）

4. 注文番号はAC25です。（order number）

数量不足に対する顧客の苦情の表現

5. 注文した30商品のうち25商品しか届いていません。（arrive）

6. 注文した商品が5個不足しています。（missing / from my order）

7. 配達商品は5個足りませんが、本日の4時までに必要です。
（delivered goods / be short by + 数量）

8. 残りの商品が5月11日までに必要です。（the rest）

苦情を受けた時の謝罪方法が、今後のビジネス関係に大きな影響を及ぼします。「間違った」= wrong、「数が足りない」= short または missing、「破損している」= damaged、「不良品の」= defective を、しっかり使いこなせるようになりましょう。

決まり表現をスラスラ言えるようになろう！

間違った商品に対する顧客の苦情の表現

1. We've received the **wrong products**.
   注意）bad product は×です。

2. You've sent us **different products from what I ordered**.

3. We **placed an order for** 100 white T-shirts but we received 100 black T-shirts.

4. The **order number** is AC25.

数量不足に対する顧客の苦情の表現

5. Only 25 out of the 30 we ordered have **arrived**.

6. There are five items **missing from my order**.
   参考）「数が足りない」は missing または short のどちらでも OK です。

7. The **delivered goods were short by** 5 units, but we need them by 4 today.

8. We need **the rest** by May 11th.
   注意）冠詞に注意！ a rest は「休憩」を意味するので×です。
   　　　the remainder も「残りの商品」を意味するが少し堅いので the rest が一番適切です。remains は「残骸」を意味するので×です。

英語で言ってみよう！

品質保証期限が過ぎている場合の顧客の苦情表現

9. 5つの箱に印刷されている品質保証期限は5月9日です。（expiration date）

10. それらは保証期日を過ぎています。（be past one's expiration date）

注文商品破損に対する顧客の苦情表現

11. 到着時に5個が破損していました。（on arrival）

12. ガラスケースにひび割れがありました。（crack）

13. パネルにへこみがあります。（dent）

14. 縁が欠けているカップが1つあります。（chipped rim）

15. 破損した商品の写真を添付してファイルで送りました。（as an attached file）

配達期日に商品が到着しない場合の顧客の苦情表現

16. 注文品は5月5日に到着することになっていましたが、まだ届かないのです。（be supposed to ＋動詞の原形）

17. 5月8日までに注文品が届かない場合はキャンセルさせていただき、返金を請求します。（request a refund）

業者のミスに対する顧客の共通依頼表現

18. すぐに代替品を送ってくれませんか？（replacement）

19. 注文品が4月20日までに届くように手配していただけますか？（arrange for our order / to be delivered by）

> 決まり表現をスラスラ言えるようになろう！

> 品質保証期限が過ぎている場合の顧客の苦情表現

9. The **expiration date** printed on the five boxes is May 9th.

10. They were **past their expiration dates**.

> 注文商品破損に対する顧客の苦情表現

11. Five items were damaged **on arrival**.

12. There's a **crack** in the glass case.

13. There's a **dent** in the panel.

14. One cup has a **chipped rim**.

15. We've sent pictures of the damaged products **as an attached file**.
    重要）How are the products damaged? と聞かれた場合のすべての情況に使える表現です。

> 配達期日に商品が到着しない場合の顧客の苦情表現

16. Our order **was supposed to** arrive on May 5th, but it hasn't.
    重要）be supposed to は be going to よりフォーマルでビジネスによく使われます。

17. If we have not received the products by May 8th, we will have to cancel our order and **request a refund**.

> 業者のミスに対する顧客の共通依頼表現

18. Will you send us **replacements** right away?
    重要）すべての状況に使用できる表現です。

19. Can you **arrange for our order to be delivered by** April 20th?

英語で言ってみよう！

顧客の苦情に対する業者の対応表現

20. 調べさせてください。それから、すぐにご連絡させていただきます。
    （look into it）

21. 誠に申し訳ございません。100枚の白いTシャツを翌日配達宅急便ですぐに送ります。
    （send / right away / by overnight courier）

22. 黒いTシャツ95枚を現金着払いでご返却くださいませんか？
    （return / at our expense）

23. 商品は2日で到着する航空便で発送させていただきます。
    （two-day specified air service）

24. 全ての商品を、すぐに交換させていただきます。（replace / entire order）

25. 商品を配達するために、すぐにこちらの従業員をそちらに向かわせます。
    （dispatch / make the delivery）

商品未着の連絡を受けたがすでに発送している場合の業者の状況説明の表現

26. お客様のご注文を先週の金曜日に処理いたしまして配送部に回しました。
    （process your order）26～36が関連しています。

27. 私どもの配送サービスは月曜日から金曜日まで稼働しています。（operate）

28. コンピュータをチェックさせてください。ご注文は月曜日に出荷されています。（be shipped）

29. 到着しているはずなのですが。（should have arrived）

> 決まり表現をスラスラ言えるようになろう！

> 顧客の苦情に対する業者の対応表現

20. Let me **look into it**, and I'll get back to you soon.
   重要）全てに使用できる表現。check into は look into と同じです。あせって曖昧な返事をせずに、このように調べる時間をもらうことが大切です。

21. We're really sorry; we'll **send** 100 white T-shirts **right away by overnight courier**.

22. Could you please **return** 95 black T-shirts to us **at our expense**?
   重要）at our expense は「当社の負担で」を意味します。
   cash on delivery は基本的には「商品の代金を配達時に払うもの」なので「送料のみ」を着払いにする場合には使えません。

23. We'll send the items by a **two-day specified air service** right away.

24. We'll **replace** the **entire order** immediately.

25. We'll **dispatch** an employee right away to **make the delivery**.

> 商品未着の連絡を受けたがすでに発送している場合の業者の状況説明の表現

26. I **processed your order** last Friday and sent it over to the shipping department.

27. Our delivery service **operates** from Monday through Friday.

28. Let me check the computer. OK, your order **was shipped** on Monday.

29. It **should have arrived** by now.

英語で言ってみよう！

30. 配送状況に関しては運送会社に問い合わせてみます。
（freight company / delivery status）

31. 商品はただ今輸送中です。（be in transit）

32. ご注文の品は4月17日に発送いたしまして、記録も残しております。
（ship / record of it）

33. 配送会社に連絡いたしましたところ、遅滞の原因は悪天候でした。（contact）

34. 到着予定日は4月19日です。（estimated arrival date）

35. できるだけ速く商品をお届けできるように、特別に手配させていただきます。
（make a special arrangement）

欠陥商品の場合の顧客の苦情表現

36. デジタル時計を20個購入しましたが、そのうち2個作動しないのです。
（purchase / work）

37. これらの欠陥商品の交換をしていただきたいのです。
（get replacements for / defective product）

38. 欠陥商品の全額返金をお願いしたいのですが。
（request a full refund for ～）

CD2-Track 24

> 決まり表現をスラスラ言えるようになろう！

30. I'll ask the **freight company** for the **delivery status**.

31. Your products **are in transit** now.

32. We **shipped** your order on April 17th, and we have a **record of it**.

33. We've **contacted** the shipping company, and the cause for the delay was the bad weather.

34. The **estimated arrival date** is April 19th.

35. We'll **make a special arrangement** to deliver the goods as soon as possible.

> 欠陥商品の場合の顧客の苦情表現

36. We **purchased** twenty digital watches, but two of them don't **work**.

37. We'd like to **get replacements for** these **defective products**.
    注意）defecting は「亡命する」を意味するので×です。間違って使わないように。「壊れている」は defective か damaged です。

38. We'd like to **request a full refund for** the defective products.

英語で言ってみよう！

欠陥商品との連絡を受けた場合の業者側の対応表現

39. 保証期間中ですので交換の品を送らせていただくか、払い戻しさせていただきたいと思います。
（be under the warranty period）

40. 記述された状況は欠陥ではありません。マニュアルの55ページをよくお読みください。
（problem you describe / defect）

オリジナル注文の仕様が異なる場合の顧客と業者の交渉の基本表現

41. 注文したカタログはお願いした仕様と少しだけ異なっています。
（specifications we requested）

42. カバーに印刷されたロゴは、依頼した仕様より少し小さいです。
（than the specifications）

43. 再印刷もしくは値段を割引かせていただきます。
（reprint / price reduction）

44. 現状のままでよろしければ50％割引させていただきます。
（if you could accept it as it is）

45. 再印刷の代わりにこの申し出を受け入れてくだされば、大変ありがたく思います。
（We would appreciate it if you could + 動詞）

謝罪表現

46. ご迷惑をおかけして申し訳ございません。（cause you trouble）

47. 数度ミスをしてしまい申し訳ございません。
（make several mistakes）

48. このようなことが二度と起こらないことを保証させていただきます。
（assure / happen）

> 決まり表現をスラスラ言えるようになろう！

> 欠陥商品との連絡を受けた場合の業者側の対応表現

39. Since it**'s under the warranty period**, we'll be able to replace them or give you a refund.

40. The **problem you described** is not a **defect**. Please read page 55 of the user's manual.

> オリジナル注文の仕様が異なる場合の顧客と業者の交渉の基本表現

41. The ordered catalogue is a little bit different from the **specifications we requested**.
    参考）通例 specification は複数形にします。

42. The logo printed on the cover is a little smaller **than the specifications**.

43. We'd like to **reprint** it or offer you a **price reduction**.

44. We'll offer you a 50% discount **if you could accept it as it is**.
    重要）商品が仕様と少しだけ違う場合や破損度が低い場合など共通に使えます。

45. **We would appreciate it if you could** agree to this offer instead of requesting a reprint.
    重要）instead of ～の～を入れ替えると応用範囲が広いです。

> 謝罪表現

46. We're really sorry to have **caused you trouble**.
    注意）much trouble は×です。西洋社会ではビジネス場面で謝罪しすぎは禁物です。

47. We're really sorry for having **made several mistakes**.
    注意）repeated mistakes は×です。

48. I **assure** you this will not **happen** again.
    参考）assure の代わりに promise、または guarantee でも OK です。assure「保証する」は、sure「確かな」の仲間と考えると単語が覚えやすいでしょう。

ビジネス場面実況中継

100枚の白いTシャツを注文したが黒いTシャツが送られてきた件で、小売店が苦情の電話を入れています。卸売業者がすぐに翌日配達の宅急便で送ると謝罪している場面です。

小売店： I'm calling about a problem with an order. ④ <u>The order number is AC25.</u>
③ <u>We placed an order for 100 white T-shirts but we received 100 black T-shirts.</u> We've already advertised white T-shirts on the fliers as a loss leader for our opening sale.
⑲ <u>Can you arrange for our order to be delivered by April 20th?</u>

卸売業者： ⑳ <u>Let me look into it, and I'll get back to you soon.</u>

------ 数分後 ------

卸売業者： ㊻ <u>We're really sorry to have caused you trouble.</u> ㉑ <u>We'll send 100 white T-shirts right away by overnight courier.</u> They'll arrive at your shop tomorrow morning. We'll offer you five black T-shirts for free as a token of our apology. ㉒ <u>Could you please return the 95 black T-shirts to us at our expense?</u>

重要語句をチェック！

- place an order for 〜　〜を注文する
- flier　チラシ
- loss leader　目玉商品
- overnight courier　翌日配達宅急便
- for free　無料で
- as a token of apology　謝罪の印
- at our expense　こちらの費用で

日本語訳

小売店： 注文品の件でお電話しています。④注文番号は AC25. です。
③白いＴシャツ100枚を注文しましたが、黒いＴシャツ100枚を受領しました。オープニングセールの目玉商品としてチラシ広告で、すでに白いＴシャツを宣伝しました。
⑲注文品が４月20日までに届くように手配していただけますか？

卸売業者：⑳調べさせてください。それから、すぐにご連絡させていただきます。

-------- 数分後 --------

卸売業者：㊻ご迷惑をおかけして申し訳ございません。㉑100枚の白いＴシャツを翌日配達宅急便ですぐに送ります。明日の朝、あなたのお店に到着すると思います。黒いＴシャツ5枚をお詫びの印として提供させていただきます。㉒黒いＴシャツ95枚を現金着払いでご返却くださいませんか？

ビジネス英語講座実況中継

先生：苦情の言い方やそれに対する処理の仕方がしっかり学べましたか？

生徒：はい！　印象的だったのは、「現状のままでよろしければ～」の表現 で決まり表現44. We'll offer you a 50% discount if you could accept it as it is. 「現状のままでよろしければ50％割引きさせていただきます」です。少しでも傷があった場合、別に交換してもらえなくても、50％も割引してもらえたらうれしいかなと思います。その場合、何と言えばよいですか？

先生：If you could give us a 50% discount, we'll accept it as it is. 「50％割り引いていただければ、このままで（現状のままで）受け取りますが」です。

生徒：いろいろ教えていただいて、ありがとうございます！　それからダイアローグ中の 「お詫びの印として」の表現 as a token of apology「お詫びの印として」を応用して as a token of appreciation「感謝の印として」も使えますよね。I'd like you to accept this chocolate as a token of appreciation.

先生：Thank you so much! I love sweets, but I'm on a diet.

Chapter 4-4
請求ミスと請求未払いの取り立て

重要表現※かっこの中の表現を使って、英語で練習しましょう。

> 英語で言ってみよう！

> 請求書に間違いがある場合の顧客の表現

1. 請求書に間違いがあるようです。
   （There seems to be a problem with ～）

2. 請求書に間違いがあるようです。（error on ～）

3. 残念なことに、請求書に間違いがあると思います。（mistake）

4. 請求書の合計金額が間違っています。（total amount）

5. 商品の数量が正しくありません。（quantity of the item）

6. 10％割引きが適用されていませんでした。（be applied）

7. 正しいインボイスを発行してください。（issue / invoice）

> 請求書に間違いがある場合の業者の表現

8. 請求書に関する誤りをご指摘いただき、ありがとうございます。
   （call our billing error to our attention）

9. 正しい（修正した）請求書を、すぐ送らせていただきます。
   （corrected bill）

ここでは請求書のミスに対する指摘の方法と対処の方法、請求未払いの場合の督促の方法など、その対処の方法を学びましょう。

> 決まり表現をスラスラ言えるようになろう！

請求書に間違いがある場合の顧客の表現

1. **There seems to be a problem with** the bill.
   参考）seem to ～は柔らかい表現になります。

2. There seems to be an **error on** the bill.
   参考）error は on、problem は with と使われることを覚えましょう。

3. I'm afraid there's a **mistake** on the bill.

4. The **total amount** on the bill is wrong.

5. The **quantity of the item** is not correct.
   参考）not correct の方が wrong より優しい表現です。

6. The 10% discount **was** not **applied**.

7. Please **issue** a corrected **invoice**.
   参考）インボイスは納品書と請求明細書の両方の役割を兼ねます。

請求書に間違いがある場合の業者の表現

8. Thank you for **calling our billing error to our attention**.

9. We'll send the **corrected bill** right away.

英語で言ってみよう！

業者側の顧客に対する代金未払いの１回目の取り立ての表現

10. <u>インボイス No.5386 の支払期限超過についてお電話を差し上げています。</u>
（overdue payment for invoice ＋番号）

11. <u>インボイス No.5386 の支払いが滞っているのでお電話しています。</u>
（payment for invoice ＋番号）

12. <u>インボイス No.5386 の支払期限超過について E メールをお送りしましたが、まだお返事もお支払いも受け取っていません。</u>
（neither a reply nor payment）

13. <u>この支払期日は５月20日です。</u>（due date）

14. <u>支払期日を２週間過ぎています。</u>（be behind payment）

15. <u>支払期日を２週間過ぎていますが、送金をまだいただいていません。</u>
（be past the due date / remittance）

16. <u>いつお振込みができますか？</u>（arrange the transfer）

17. <u>６月５日までにはお支払いいただきたいです。</u>（ask for ～）

18. <u>２％の延滞料金が請求書に加算されますことを、ご理解ください。</u>
（late payment fee / be added to ～）

19. <u>なぜお支払いが遅れているのかお知らせいただきたいです。</u>（be delayed）

20. <u>解決にご協力できるかもしれません。</u>（work something out）

> 決まり表現をスラスラ言えるようになろう！

> 業者側の顧客に対する代金未払いの1回目の取り立ての表現

10. I'm calling about the **overdue payment for invoice** 5386.
参考）over（超えて）+ due（期限が来て）→「期限を過ぎた」

11. I'm calling because the **payment for invoice 5386** is now overdue.

12. We sent you an e-mail about the overdue payment for invoice 5386, but we have received **neither a reply nor payment**.

13. The **due date** for this payment is May 20th.

14. I'm afraid you **are behind payment** by two weeks.

15. I'm afraid your payment **is** two weeks **past the due date**, but we haven't received **remittance** yet.

16. How soon can you **arrange the transfer**?

17. We'd like to **ask for** payment by June 5th.
注意）demand「要求する」は、きつく聞こえます。

18. Please understand that a 2% **late payment fee** will **be added to** your bill.

19. We'd like you to tell us why this payment has **been delayed**.

20. We may be able to **work something out**.
重要）さまざまな場面で使えます。大切な配慮表現です。

英語で言ってみよう！

業者側の顧客に対する代金未払いの２回目以降の取り立ての表現

21. 2,000ドルの未払金をまだ受け取っていません。
（payment of ＋ 金額）

22. 未払いの請求に関しまして至急に配慮していただきたいです。
（call your immediate attention to ～ / outstanding invoice）

23. 6月15日までに絶対にご送金ください。
（must insist / remit）

24. そうでない場合は、この件を顧問弁護士に委ねなくてはならないでしょう。
（hand this matter to ～）

25. 法的手段を取らなければなりません。
（take legal action）

送金済みの場合の顧客の表現

26. なぜ受領されていないのか、わかりかねます。と申しますのは、5月3日にお支払いした記録が残っているからです。
（our records show / be made）

未払いの場合の顧客の表現

27. 誠に申し訳ございません。私どものミスです。（oversight on our part）

28. お支払いが遅れましたことをお詫び申し上げます。
（apologize for / delay in payment）

29. 明日、御社の口座にお振込みをさせていただきます。
（transfer the money to ～ / company account）

CD2-Track 29

> 決まり表現をスラスラ言えるようになろう！

> 業者側の顧客に対する代金未払いの2回目以降の取り立ての表現

21. We still have not received your **payment of** $2,000.

22. We'd like to **call your immediate attention to** your **outstanding invoice**.

23. We **must insist** that you **remit** the money by June 15th.
    重要）remit は「支払う」ことを意味します。

24. Otherwise we'll have to **hand this matter to** our lawyer.

25. We'll have to **take legal action**.

> 送金済みの場合の顧客側の表現

26. I'm not sure why you haven't received it, because **our records show** the payment **was made** on May 3rd.

> 未払いの場合の顧客の表現

27. We're really sorry; this was an **oversight on our part**.
    重要）いろいろな場面で使えます。

28. We **apologize for** the **delay in payment**.

29. We'll **transfer the money to** your **company account** tomorrow.

ビジネス場面実況中継

　小売店が卸売業者に請求書記載間違いに対する苦情の電話をし、解決しました。しかし、1カ月後、小売業者が入金しないので卸売業者が苦情の電話を入れている場面です。

小売業者：I'm calling because ① <u>there seems to be a problem with the bill.</u>
　　　　　④ <u>The total amount on the bill is wrong.</u> It should be $2000.
　　　　　⑤ <u>The quantity of the item is not correct.</u> We purchased 100 white T-shirts, but your bill says 200. Besides that, ⑥ <u>the 10% discount was not applied.</u>
卸売業者：⑨ <u>We'll send you the corrected bill right away.</u>
　　　　　We are really sorry for having made several mistakes. I assure you this will not happen again.

------ One month later ------

卸売業者：⑩ <u>I'm calling about the overdue payment for invoice 5386.</u>
　　　　　⑬ <u>The due date for this payment is May 20th.</u>
小売業者：I'll check into it and get back to you.

------ A few minutes later ------

小売業者：㉗ <u>We're really sorry; this was an oversight on our part.</u>
卸売業者：⑯ <u>How soon can you arrange the transfer?</u>
小売業者：㉙ <u>We'll transfer the money to your company account tomorrow.</u>

重要語句をチェック！

☐ bill　請求書　　☐ quantity　数量　　☐ be applied　適用される
☐ assure　保証する　　☐ overdue payment　支払期限超過
☐ due date　支払期日　　☐ oversight　見落とし

日本語訳

小売業者：①請求書に間違いがあるようですので、お電話しています。
　　　　　④請求書の合計金額が間違っています。2,000ドルでなければなりません。
　　　　　⑤商品の数量が正しくありません。白いTシャツを100枚購入したのですが、あなたの請求書には200枚と明記されています。それに⑥10％割引きが適用されていませんでした。

卸売業者：⑨正しい（修正した）請求書を、すぐ送らせていただきます。
　　　　　ミスをして誠に申し訳ございません。今後、このようなことが二度と起こらないことをお約束させていただきます。

……… 1カ月後 ………

卸売業者：⑩インボイス No.5386の支払期限超過についてお電話を差し上げています。⑬この支払期日は5月20日です。

小売業者：調べてからご連絡いたします。

……… 数分後 ………

小売業者：㉗誠に申し訳ございません。私どものミスです。
卸売業者：⑯いつお振込みができますか？
小売業者：㉙明日、御社の口座にお振込みさせていただきます。

ビジネス英語講座実況中継

先生：請求書のミスの場合や支払期限超過の場合の対応を覚えましたか？
　　　Chapter 4-3の謝罪表現48. I assure you this will not happen again「このようなことが二度と起こらないように保証いたします」もダイアローグに入れました。

生徒：私にとっては due date と remit がムズカシカッタです。
　　　due date は書類の「締切日」とだけ覚えていました。

先生：締切日、支払期日、手形期日、納期、納入日、返却日、出産予定日など、文脈に応じてさまざまな意味で使えます。

生徒：わかりました。ところで、due date と deadline の違いは何ですか？
　　　due date の方がまだやさしいイメージがあるのですが。

deadline は何かを提出する時の「締め切り」で、志願書類提出、卒業論文、また記事の原稿提出締切期日など、厳しい場面で使う印象があるのですが。
宿題レベルの「提出日」は due date ですよね。

先生：それで正しいですよ。生徒さんによく同じ質問を受けます。どちらも「締め切り」で意味の違いは微妙なので、神経質にならなくても大丈夫です。**due date と deadline の違い**をまとめてみましょう。

---

due date ＝ 金融業での支払期日や製造業やサービス業で、顧客への納期として使われます。顧客に対する表現なので due date の方が deadline より、よく使われます。

deadline ＝ 出版や新聞などジャーナリズム関連の締め切りとして使われます。
また企業では、リポートなどの書類の提出期限は deadline を使うことが多いです。

先生：締め切りを守ることは、とても大切です。復習にもなりますが Chapter 1-5の決まり表現12の I was wondering if you could extend the deadline や Chapter 1-6のビジネス場面実況中継の I have three deadlines にも登場している **deadline に関する表現**を覚えましょう。

締め切りを定める　set a deadline
締め切りを守る　meet a deadline
締め切りに間に合わない　miss a deadline
締め切りを延長する　extend a deadline
締め切りが過ぎている　The deadline is past.

締め切りを延長する表現
　締め切りを延長する場合は、for、by、until などの前置詞を使います。

> 締め切りを2日間延長する　extend a deadline for two days
> 締め切りを2日間延長する　extend a deadline by two days
> 3月10日まで締め切りを延長する　extend the deadline till March 10th

生徒：わかりました。remitの意味もわかりにくいです。
先生：send paymentを意味します。つまり、お金を銀行、電信、郵便、為替などで送ることを意味します。**remitに関するボキャブラリー**です。
小切手を送る＝remit a check、郵便で送金する＝remit by mail
電信送金する＝remit by cable、為替で送金する＝remit by postal order

生徒：たくさん例を挙げていただいたので、remitの意味が頭に入りました！
先生：Chapter 4の交渉で何か質問はないですか？
生徒：苦情表現で、「3枚のTシャツに小さな穴が1つずつ開いています」はThere are three small holes in three T-shirtsで正しいですか？
先生：少し曖昧ですね。**「3枚のTシャツに小さな穴が1つずつ開いています」**は3文で表現しましょう。
There are three defective T-shirts.「3枚のTシャツが不良品です」
There are small holes in three T-shirts.
「3枚のTシャツに小さな穴が開いています」
Each T-shirt has a small hole in it.
「それぞれのTシャツに小さな穴が1つずつ開いています」
この表現はすべてに応用できますよ。
生徒：なるほど！　わかりました！
先生：不良品の写真と上記の2文を添えて送るのがベストですね。
交渉の英語、苦情表現、それへの対応は、誤解が生じないように心のこもった正しい英語を話しましょう。

Chapter 4-5
代理店と契約

重要表現※かっこの中の表現を使って、英語で練習しましょう。

> 英語で言ってみよう！

商談に入る前の表現

1. さあ、それでは本題に入りましょうか？（get down to business）

代理店を探しているメーカーの表現

2. 当社は今、日本での販売市場拡大を計画しています。
（expand our market into ～）

3. 弊社の製品を日本で販売できる代理店を探しているのですが。
（distribute our products）

4. 手数料販売の代理店の場合、正味販売額に対して6％の手数料を提供します。
（commission / net sales）

5. その場合、3カ月ごとに為替手形で手数料を送金いたします。
（remit / commission by bill）

6. 年間最低購入額がございます。
（annual minimum amount to be purchased）

7. 最低30万ドルの商品を購入していただきたいと思います。
（金額 + worth of our products）

代理店希望会社の基本表現

8. 日本での独占代理店になることについて、お話しさせていただきたいと思います。
（exclusive distributor）

CD2-Track 31

ここでは契約の方法を、代理店独占販売契約を例に覚えましょう。外国のメーカーが日本の代理店を探して日本の会社が交渉している文例ですが、もちろんその逆にも応用できます。Chapter 4の総復習でもあります。

> 決まり表現をスラスラ言えるようになろう！

商談に入る前の表現

1. Shall we **get down to business**?
   注意）抽象的な作業を意味するのでこの場合 business の前に the は不要です。

代理店を探しているメーカーの表現

2. We're now planning to **expand our market into** Japan.
   重要）Japan を入れ替えるとさまざまな場面で応用可能です。

3. We'd like to find a company which can **distribute our products** in Japan.

4. We offer you a 6% **commission** on **net sales** to a commission-based agent.

5. In that case, we'll **remit** your **commission by bill** every three months.

6. There's an **annual minimum amount to be purchased**.
   参考）独占契約の場合だけでなく販売の割引条件にも使えるので便利です。

7. We'd like you to purchase at least $300,000 **worth of our products**.

代理店希望会社の基本表現

8. I'd like to talk about becoming your **exclusive distributor** in Japan.

> 英語で言ってみよう！

9. 会社のカタログでもおわかりいただけると思いますが、弊社の販売網は全国に広がり、大手デパートにも多数出店しております。(nationwide sales network)

10. 御社の製品を日本で販売する独占権をいただきたいと思います。
    (obtain exclusive rights / distribute)

11. 御社と独占契約を結びたいのですが。
    (have an exclusive agreement with ～)

12. すでに御社の商品のマーケットリサーチをしました。調査の結果をご覧ください。(conduct market research on your products)

13. 弊社では、御社の犬のぬいぐるみシリーズ「Lovely Dogs」は日本では大きなマーケットシェアがあると確信しています。(big market share)

14. 弊社は、販売代理店になって自社の勘定で御社の製品を購入し自らのリスクで販売したいのです。
    (distributor / on one's account / at one's own risk)

15. 弊社は、商品を手数料で販売する代理店にはなりたくないです。
    (on a commission basis)

業績に関する双方の基本的な表現

16. 昨事業年度の利益について見せてくださいませんか？
    (profits for the last fiscal year)

17. 昨年の業績書を提出してくださいませんか？
    (sales performance statement)

18. これが業績書です。(Here is ＋名詞)

> 決まり表現をスラスラ言えるようになろう！

9. As you can see from our company brochure, we have a **nationwide sales network** and shops in the major department stores.

10. We'd like to **obtain exclusive rights** to **distribute** your products in Japan.

11. We'd like to **have an exclusive agreement with** you.

12. We've already **conducted market research on your products.** Please look at the results of the survey.

13. We're quite sure there's a **big market share** in Japan for your stuffed dog toy series, 'Lovely Dogs'.

14. We'd like to be a **distributor,** buying your products **on our account** and selling them **at our own risk**.

15. We don't want to become an agent **on a commission basis.**
    参考）販売だけでなく、仕事が歩合で支払われる場合も on a commission basis を使います。

> 業績に関する双方の基本的な表現

16. Would you please show me the **profits for the last fiscal year**?

17. Could you submit a **sales performance statement** for last year?

18. **Here's** the sales performance statement.

英語で言ってみよう！

代理店契約の双方の取引の詳細な表現

19. 弊社の価格、割引と配送手配のポリシーについてご検討ください。
（review / shipping arrangement）

20. 代理店契約期間について話し合いましょうか？
（term of the distributorship contract）

21. 2年が当社の販売代理店契約の標準的な期間です。（standard term）

22. 代理店が全ての広告費を支払わなければなりません。（distributor）

23. 合意事項は書類にしなければなりません。（be documented）

24. 詳細を文書で確認しなければなりません。（in writing）

25. 契約書を作成するのにどれくらいかかりますか？（draw up a contract）

代理店契約時の表現

26. 契約に至り、ありがたく思います。（reach an agreement）

27. ここに契約書の2枚の写しがあります。（two copies of the contract）

28. 詳細を確認させてください。（confirm the details）

29. 2枚の契約書の写しにサインしてください。（two copies of the contract）

30. 1枚を私にお返しいただき、もう1枚を保管してください。
（send A back to me）

31. 取引の握手をしましょう。（shake on it）

決まり表現をスラスラ言えるようになろう！

代理店契約の双方の取引の詳細な表現

19. Please **review** our prices, discount, and **shipping arrangement** policies.

20. Shall we talk about the **term of the distributorship contract**?

21. Two years is the **standard term** for our distributorship contract.
    参考) two years を1つとみなし、単数扱いします。

22. The **distributor** has to pay all the advertising costs.

23. What we've agreed has to **be documented**.

24. We should confirm the details **in writing**.

25. How long will it take to **draw up a contract**?

代理店契約時の表現

26. We're glad we have **reached an agreement**.

27. Here are **two copies of the contract**.

28. Let me **confirm the details**.

29. Please sign **two copies of the contract**.
    参考) 有名人などにサインをもらう場合は sign ではなく autograph です。

30. Please **send** one copy **back to me** and keep the other one.

31. Let's **shake on it**.

ビジネス場面実況中継

日本の衣料雑貨卸売会社が「Lovely Dogs」の独占代理店になるための交渉をし、合意に達し契約をしている場面です。

代理店： ⑧ I'd like to talk about becoming your exclusive distributor in Japan.
⑫ We've already conducted market research on your products.
⑫ Please look at the results of the survey. ⑬ We're quite sure there's a big market share in Japan for your stuffed dog toy series, 'Lovely Dogs'.

メーカー： I see. Why are the Japanese interested in our 'Lovely Dogs'?

代理店： Japan is now experiencing an ever-growing pet boom. Dogs are the most popular and are taken good care of as family members.

メーカー： You mean that's why 'Lovely Dogs' will sell well?

代理店： Yes. They can talk and they're cute! Anyway, ⑭ we'd like to be a distributor, buying your products on our account and selling them at our own risk. I was wondering if you could explain the terms.

メーカー： ⑥ There's an annual minimum amount to be purchased.
⑦ we'd like you to purchase at least $300,000 worth of our products.

代理店： OK. What's the contract term?

メーカー： ㉑ Two years is the standard term for our distributorship contract. ⑲ Please also review our prices, discount, and shipping arrangement policies.

代理店： There seems to be no problem.

········ After closing the contract ········

メーカー： Well, we can call it a deal, can't we?

代理店： Yes, ㉛ let's shake on it.

重要語句をチェック！

□ exclusive distributor　独占代理店
□ ever-growing　増え続ける、空前の
□ at one's own risk　自社リスクで
□ call it a deal　取引を成立する
□ stuffed dog toy　犬のぬいぐるみ
□ on one's account　自社勘定で
□ contract term　契約期間

日本語訳

代理店： ⑧日本の独占代理店になることについてお話しさせていただきたいと思います。⑫すでに御社の商品のマーケットリサーチをしました。⑫調査の結果をご覧ください。⑬弊社では御社の犬のぬいぐるみシリーズ 'Lovely Dogs' は日本では大きなマーケットシェアがあると確信しています。

メーカー：なるほど。なぜ日本人は 'Lovely Dogs' に興味を示すのですか？

代理店： 日本は今、空前の（とめどなく続く）ペットブームです。犬は最も人気があり、そして家族のメンバーとして大切にされています。

メーカー：だから、'Lovely Dogs' は日本で良く売れるのですね。

代理店： はい。'Lovely Dogs' は話せるし、とてもかわいいです。ところで、⑭弊社は販売代理店になって自社の勘定で御社の製品を購入し、自らのリスクで販売したいのです。条件をご説明願えませんでしょうか？

メーカー：⑥年間最低購入額がございます。
⑦最低30万ドルの商品を購入していただきたいと思います。

代理店： わかりました．契約期間はどれくらいですか？

メーカー：㉑2年が当社の販売代理店契約の標準的な期間です。
⑲弊社の価格、割引と配送手配のポリシーについてもご検討ください。

代理店： 問題はなさそうです。

------- 契約を結んだ後で -------

メーカー：取引成立ですね。

代理店： はい。（取引の）㉛握手をしましょう。

ビジネス英語講座実況中継

先生：海外の商品を代理店契約で販売する会社が増加しました。何か質問はありますか？

生徒：代理店の英訳は agent だと思っていたのですが distributor ですか？

先生：代理店には2種類あります。 **distributor と agent の違い** を説明しましょう。代理店（agent）は、メーカーから成功報酬（commission）

を受け取ります。

commission は、売買金額の一定パーセントの場合と定額の場合があります。代理店（distributor）の場合は、メーカーと販売代理店（distributor）との間で第1の契約が成立し、販売代理店（distributor）と顧客（customer）との間で第2の契約が成立します。

少し説明が難しくなったかもしれませんが、distributor の場合は commission ではなく自社勘定（on one's account）になるのです。

生徒：わかりました！ distributor が、commission で支払われることはないですね。

先生：はい、よろしい！ 代理店になるにも契約事項に年間最低購入額（annual minimum amount to be purchased）があったり、業績書（sales performance statement）を提出することも、わかりましたか？

生徒：はい。Chapter 2- では trade show でのプレゼンの後で、業者が質問するフレーズを学びましたが、その復習にもなりました。

先生：単語は難しくなかったですか？

生徒：ムズカシカッタです〜。独占代理店（exclusive distributor）の exclusive は初めて見た単語です。

先生：exclusive について

include は「含む」を意味することを知っていますね？
exclude は、その反対の意味を持ち「締め出す」を意味します。
語源を見ましょう。

exclude ＝ ex-「外側へ」＋ clude「閉じる」

exclude の形容詞が exclusive、つまり外側は閉じるので「独占的な」を意味します。

生徒：exclusive interview（独占インタビュー）や exclusive rights（独占権）もその例ですね？

先生：はい、よろしい！ 決まり表現10にも exclusive rights を使いましたが、次のを見てください。

日本語：弊社は、その製品の製造に関わる独占権を持っています。
正解：We have exclusive rights to manufacture the product.

生徒：rights は複数なのですね？

先生：はい。独占権を例にとって考えてみても、それに関連する権利は1つではないからです。また、すでにある権利を他社から譲り受ける場合は the をつけて the rights にしなければなりません。
　　　rights のついた単語 を紹介しましょう。
　　　例：distribution rights「販売権」、publishing rights「出版権」、
　　　　　franchise rights「フランチャイズ権」、exclusive rights「独占権」
　　　今日の講座はこれで終了です！

生徒：ありがとうございます！
　　　商談成立などで握手する時には Let's shake on it! と言うのですね。苦手な握手もカッコよく決められそうです！

Chapter 5

絶対に必要なビジネス知識

Chapter 5-1
市場とマーケティング戦略で使う英語①

※かっこの中の表現を使って、英語で練習しましょう。

> 英語で言ってみよう！

需要と供給の関係の表現

1. 需要が供給を上回る時は売り手市場です。
   （demand / supply / go beyond / seller's market）

2. 供給が需要を上回る時は買い手市場です。（buyer's market）

3. この旧型製品の需要は高かったです。
   （demand for / old model / strong または heavy）

4. この新製品の需要は高いです。（strong または heavy）

5. 市場は過熱状態です。（be overheated）

6. 需要に応じることができません。（keep up with ～）

7. 強い需要が価格を押し上げます。（strong または heavy / push up prices）

8. 弱い需要が価格を引き下げています。
   （weak または light / push down prices）

顧客満足度と市場調査の表現

9. 私たちは消費者志向の会社でなければなりません。（customer-oriented）

先生：市場とは何か、わかりますか？
生徒：モノ、カネ、サービスを対象とする 需要と供給が合う ところです。
先生：企業の目的と使命を定義する時出発点は何でしょうか？
生徒：それは 顧客を満足させること です。
先生：顧客満足度を得るためには顧客のニーズを知りましょう。マーケティングとイノベーションが必要です。誰が、どの市場で、何のために買うのか、その3つの側面を分析しましょう。

5・絶対に必要なビジネス知識

決まり表現をスラスラ言えるようになろう！

需要と供給の関係の表現

1. When **demand goes beyond supply**, it is a **seller's market**.

2. When supply goes beyond demand, it is a **buyer's market**.

3. **Demand for** the **old model** was **strong**. (heavy でも OK)

4. Demand for this new model is **heavy**. (strong でも OK)

5. The market **is overheated**.
   参考）接頭辞 over はネガティブな意味の使用が多いです。
   overstock「過剰在庫」、oversupply「過剰供給」

6. We can't **keep up with** demand.
   参考）keep up with は「共にいる状態を保つ」、catch up with は「共にいる状態を目指す」を意味します。

7. **Strong** demand **pushes up prices**.

8. **Weak** demand **pushes down prices**.

顧客満足度と市場調査の表現

9. We should be a **customer-oriented** company.
   参考）-oriented「 -志向の」例 achievement-oriented 成果志向の、sports-oriented「スポーツ志向の」、design-oriented「デザイン志向の」

269

| 英語で言ってみよう！ |

10. 消費者が何を求めているか見極めなければなりません。
（identify / customers' needs）

11. 新市場を開拓するためにはマーケットリサーチをしなければなりません。
（tap into a new market）

12. マーケットの潜在性を探る必要があります。（sound out / market potential）

13. 顧客と顧客でない人の両方のフィードバックを元に、商品を作るべきです。
（based on / feedback）

14. テストマーケットすることによって対象顧客を知るべきです。
（target customer / test-marketing）

15. 日本はアジアの流行の発信源です。（trendsetter）

16. 日本での売れ筋商品は中国や韓国で売れ筋商品になり得ます。（strong seller）

17. カラフルな電気製品はアメリカでは顧客のニーズを満たしません。
（meet customer needs）

18. 海外でビジネスを始める場合、その国の文化をビジネスプランに融合させるべきです。（integrate A into B）

19. 私たちは、顧客の要求に応じて高品質の商品を開発するべきです。
（in response to customer demand）

20. 顧客満足度を超えることが大切です。（go beyond customer satisfaction）

21. 顧客感動を達成したら、口コミの宣伝ができます。
（achieve customer delight / word-of-mouth advertising）

> 決まり表現をスラスラ言えるようになろう！

10. We should **identify customers' needs**.

11. We have to do market research to **tap into a new market**.

12. We should **sound out** the **market potential**.

13. We should develop our products **based on** both our customers' and non-customers' **feedback**.

14. We should find our **target customers** by **test-marketing**.

15. Japan is the **trendsetter** in Asia.

16. A **strong seller** in Japan will (can) become a strong seller in China and Korea.

17. Colorful electrical appliances don't **meet customer needs** in the USA.
参考）customers' need と customer needs は同じ。

18. When we start a business abroad, we should **integrate** the culture of the country **into** the business plan.

19. We should develop our high-quality products **in response to customer demand**.

20. We should **go beyond customer satisfaction**.

21. When we **achieve customer delight**, we can promote our products through **word-of-mouth advertising**.

Chapter 5-2
市場とマーケティング戦略で使う英語②

※かっこの中の表現を使って、英語で練習しましょう。

> 英語で言ってみよう！

シェア・市場細分化・ブランド構築の表現

1. 私たちの会社が市場に一番乗りしたら、大きな利益を得られます。
   (be first to the market place / make profits)

2. S自動車会社はインド市場に一番乗りだったので、マーケットシェアは約55％です。(market share)

3. S自動車会社は国土面積が広く人口が多いインドですきま市場を見つけました。(niche market)

4. E食品会社はベトナム市場に一番乗りだったのでインスタント食品のマーケットシェアは約65％です。(be first to the market / they account for)

5. 売上を伸ばすには、市場細分化を導入しなければなりません。(introduce / market segmentation)

6. マーケットは変化し続けるので、画期的なヒット商品の開発をしなければなりません。(develop some innovative hit products)

7. 今日、流行したものは一夜にしてすたれるかもしれません。(What's in fashion one day)

8. 企業が自社ブランドを構築することは、とても大切です。(build one's own brands)

9. 市場を開拓するには自社ブランドを開発するべきです。(tap into a new market)

先生：マーケティングシェア、市場細分化、ニッチを見つけることの重要性を理解し、自社ブランドの構築、イノベーション、つまり、イノベイティブな商品と市場の重要性を学ぼう。ブランド構築の重要性がわかるかな？
生徒：商品の知名度を上げることですね。ブランド構築で商品価値が上がります。

> 決まり表現をスラスラ言えるようになろう！

シェア・市場細分化・ブランド構築の表現

1. When our company **is first to the market place**, we can **make** great **profits**.

2. S Cars was first to the market place in India, so its **market share** is about 55％.

3. S Cars found a **niche market** in India, a large country with a large population.

4. E FOOD Co. **was first to the market** in Vietnam, so **they account for** about 65％ of the market share.

5. We should **introduce market segmentation** in order to increase our sales.

6. We should **develop some innovative hit products** because the market has been changing.

7. **What's in fashion one day** may be out the next.

8. It's important for companies to **build their own brands**.

9. We should develop our own brand to **tap into a new market**.

| 英語で言ってみよう！ |

10. 成功しているブランドは、高い価格を維持し売上を伸ばせます。(maintain)

11. ブランドは顧客に自信を与えます。(provide A with B / confidence)

12. 製品の高級感を向上させることが重要です。
    (products' premium appeal)

13. XYZは主力店舗を都心部にオープンしています。
    (flagship store / urban area)

14. 一等地にあるお店は顧客を惹きつけます。
    (prime location stores)

15. デパートにお店を出すと、評判をよくします。
    (raise one's reputation)

16. XYZは、世界中の主力店舗のネットワークを通して主力ブランドを構築しています。(through its network of)

17. 大型ディスカウントショップは都市近郊地域を有望な市場とみなしています。
    (regard A as B / suburbs / promising market)

| 決まり表現をスラスラ言えるようになろう！ |

10. Successful brands can **maintain** high prices and increase sales.

11. Brands **provide** customers **with confidence**.

12. It's important to improve our **products' premium appeal**.
    参考）improve は product usability「商品の使いやすさ」、product quality「商品の品質」とも一緒に使えます。

13. XYZ is opening **flagship stores** in **urban areas**.

14. **Prime location stores** attract customers.
    参考）prime「一番の」例：prime minister「首相」

15. Opening a shop in a department store **raises one's reputation**.

16. XYZ is building its own brand **through its network of** global flagship stores.

17. Large discount stores **regard** the suburbs **as** a **promising market**.

Chapter 5-3
市場とマーケティング戦略で使う英語③

※かっこの中の表現を使って、英語で練習しましょう。

|英語で言ってみよう！|

商品と価格の表現

1. 回転の速い商品と回転の悪い商品を見分けることが大切です。
   （rapidly-selling item / slow-selling item　＊item でも product でも OK）

2. 私たちはよく売れる商品だけを仕入れています。
   （stock / hot-selling item）

3. マーケティングは商品、価格、場所と宣伝から成り立ちます。
   （consist of）

4. 私たちは、私たちの商品と競合の商品を差別化しなければなりません。
   （differentiate A from B / competing products）

5. 100円ショップで、さまざまな商品を購入できます。（goods）

6. XYZ コンビニエンスストアは取り扱い商品を広げて顧客を惹きつけます。
   （broaden / merchandise lines）

7. 競合相手の商品価格を考慮に入れてから、価格設定しなければなりません。
   （determine / competitors' prices）

8. 商品は品目ごとにチェックしてください。（item by item）

生徒：product、goods、merchandise、item の意味の違いを教えてください。
先生：よく質問を受けます。あまり違いはありませんが簡単にまとめます。
① product とは→ビジネスでは product を使うのが普通です。
② goods とは→一般に販売されている商品のことです。
③ merchandise とは→販売段階にある工業製品（manufactured goods）のことですが、「商品の品揃え」の意味で小売業界で使われます。
④ item とは→品目や品番を考えた時に使います。
　　品目や品番といった考えで言う時には、item を使います。商品の1個1個を見る時は item by item のように使用します。

> 決まり表現をスラスラ言えるようになろう！

商品と価格の表現

1. It's important to tell **rapidly selling items** from **slow selling items**.

2. We **stock** only **hot-selling items**.

3. Marketing **consists of** product, price, place and promotion.
   注意）この場合は product を使います。

4. We have to **differentiate** our products **from competing products**.

5. You can buy a variety of **goods** at 100-yen stores.
   参考）goods は一般的な商品です。「割合・速度・値段・年齢」の前につく at です。

6. XYZ Convenience Store attracts customers by **broadening** their **merchandise lines**.
   参考）broad「広い」＋動詞を作る接尾辞 -en ＝ broaden「広げる」です。

7. We have to **determine** the prices for our products after considering **competitors' prices**.

8. Please check each product **item by item**.

Chapter 5-4
提案と販売戦略の英語

※かっこの中の表現を使って、英語で練習しましょう。

> 英語で言ってみよう！

販売戦略会議で役立つ提案の表現

1. 店頭で説明しませんか？
   （Why don't we ＋動詞？／ demonstrate one's products）

2. 無料サンプル商品を提供することを提案します。
   （propose ＋（that）＋主語＋（should）＋動詞の原形）／ offer sample products）

3. 私は、目玉商品としてミネラルウォーターを販売することを提案します。
   （suggest ＋～ ing 形／ loss leader）

4. 販売戦略の一環として、景品にデジタルカメラを200台用意したらいかがでしょうか？（How about ＋～ ing 形／ give away ／ promotion strategy）

5. 商品のネーミングは、覚えやすく短く簡潔であることを提案します。
   （suggest ＋（that）＋主語＋（should）＋動詞の原形／ short and sweet）

6. 新商品に対する顧客の意識を高めるために商品名を公募してみませんか？
   （How about ＋～ ing?／ raise awareness）

7. 新製品を発売する時期を慎重に選ぶことを提案します。
   （propose ＋（that）＋主語＋（should）＋動詞の原形／ when to launch）

8. 新しい CD をクリスマスの時期に発売することを提案します。
   （suggest ＋～ ing ／ release）

先生：販売戦略で大切なのは、商品認知度を高め会社と顧客に利益を与えることです。
Why don't we ＋ 動詞？ How about ＋ 〜 ing 形？、
propose / suggest ＋ 〜 ing 形
I propose / suggest ＋ (that) ＋ 主語 ＋ (should) ＋ 動詞の原形
（カジュアル→フォーマル）をミーティングで使えるようになりましょう。

> 決まり表現をスラスラ言えるようになろう！

販売戦略会議で役立つ提案の表現

1. **Why don't we demonstrate our products** in-store?

2. I **propose** we **should offer sample products**.

3. I **suggest** selling mineral water as a **loss leader**.
   参考）loss を出してまで販売するから loss leader と言います。

4. **How about giving away** two hundred digital cameras as part of our **promotion strategy**?

5. I **suggest** the names of products should be memorable, **short and sweet**.

6. **How about** asking the public to name the new products to **raise awareness**?

7. I **propose** we should carefully choose **when to launch** our new products.

8. I **suggest releasing** a new CD during the Christmas season.

| 英語で言ってみよう！ |

9. 顧客に、(多くの) 研究開発の後に画期的な製品を発表したと知らせることを提案します。（propose＋(that)＋主語＋(should)＋動詞の原形 / innovative / research and development）

10. 新製品を販売する際に予測される商品の不足を発表することを提案します。(propose＋(that)＋主語＋(should)＋動詞の原形 / projected shortage of new products / launch)

11. 弊社の高品質の商品が低価格である理由を宣伝することを提案します。(suggest＋(that)＋主語＋(should)＋動詞の原形 / be sold at low prices)

12. 私は顧客に、原料を直接、安く購入できると知らせることを提案します。(propose＋(that)＋主語＋(should)＋動詞の原形 / purchase materials)

13. 私は、顧客を惹きつけるためにウェブページに売れ筋ランキングを更新することを提案します。(suggest＋(that)＋主語＋should＋動詞 / update / strong seller rankings)

14. 商品を宣伝するために、展示会に参加することを提案します。(propose＋(that)＋主語＋(should)＋動詞の原形 / take part in ～)

15. 私は、ポイントカードシステムを導入することを提案します。顧客に利益を与えられるからです。(propose＋～ing / introduce / give benefits to)

16. ポイントカード制度は顧客維持につながります。(lead to ～ / customer retention)

17. 私は、いくつかの懸賞を導入することを推奨します。(suggest＋(that)＋主語＋(should)＋動詞の原形 / introduce)

> 決まり表現をスラスラ言えるようになろう！

9. I **propose** we should let the customers know that we released our **innovative** product after a lot of **research and development**.

10. I **propose** we should announce a **projected shortage of new products** when we l**aunch** them.

11. I **suggest** we should advertise the reason why our high-quality products **are sold at low prices**.
    参考）価格の前の at を覚えよう。

12. I **propose** we should tell customers that we can **purchase materials** directly and cheaply.
    参考）競合製品より価格が低い理由を問われた場合の応答にふさわしいです。

13. I **suggest** we **should update** the **strong seller rankings** on our website to attract more customers.

14. I **propose** we should **take part in** the trade fair to advertise our products.

15. I **propose introducing** a point card system, because it will **give benefits to** our clients.

16. The point card system **leads to customer retention**.

17. I **suggest** we **should introduce** some prize promotions.

英語で言ってみよう！

18. 懸賞は商品券であることを提案します。
（propose＋(that)＋主語＋should＋動詞の原形 / gift certificates）

19. 弊社の商品券は、顧客が弊社の商品を購入することを奨励します。
（encourage＋目的語＋to＋動詞の原形）

20. 私たちは現在のメンバーに、会員制のプログラムを更新することを奨励するべきです。
（encourage＋目的語＋to＋動詞の原形 / current (existing) members / renew）

21. RFM分析により顧客が弊社の商品を購入するように奨励することを提案します。
（based on RFM analysis）

覚えておきたい マーケティングのボキャブラリー

marketing strategy（販売戦略）
market share（市場占有率）
market size（市場規模）
market penetration ratio（マーケット占有率）
marketing effectiveness（マーケットの効果）
market segmentation（市場細分化）
relationship marketing（顧客関係重視マーケティング）（新顧客を生み出すよりも現在の顧客を大切にする考えです）

決まり表現をスラスラ言えるようになろう！

18. I **propose** the prizes should be our **gift certificates**.

19. Our gift certificates **encourage** our customers **to** purchase our products.

20. We should **encourage current (existing) members to renew** their membership programs.

21. I propose we should encourage customers to purchase our products **based on RFM analysis**.
    参考）RFM とは Recency, Frequency and Monetary の略です。顧客の購買行為を Recency「最終購買日」、Frequency「購買頻度」、Monetary「累計購買金額」に基づいた顧客を格付けする方法です。

Chapter 5-5
提案と広告宣伝で使う英語

※かっこの中の表現を使って、英語で練習しましょう。

> 英語で言ってみよう！

会議で役立つ広告宣伝の表現

1. 商品と夢とメッセージを売る広告を作らなければなりません。
   （should / put out advertising）

2. 広告を通して社会的責任のイメージを打ち出すことを提案します。
   （propose ＋ (that) ＋ 主語 ＋ (should) ＋ 動詞の原形 / project an image of social responsibility）

3. 大手新聞に広告を掲載するのにいくらかかりますか？（run an advertisement）

4. チラシを駅前で配布したらどうですか？
   （Why don't we ＋ 動詞の原形 / hand out ～ / flier）

5. 新聞の折り込みを入れてみてはどうでしょうか？と言うのは多くの人がチェックするからです。（How about ＋ ～ing / put out / newspaper insert）

6. 私たちの主力顧客（客層）は女性なので女性誌に広告を出すことを提案します。
   （suggest ＋ ～ing / put an ad）

7. 女性誌への広告掲載は、予想していたより成功しました。
   （better than we had expected）

8. TVコマーシャルを流すこと、特にゴールデンアワーは費用がかかります。
   （air a commercial / prime time）

9. 人気のあるファッションモデルの出演料は高いです。（performance fees）

10. 新製品の広告費は予想以上に高かったです。
    （higher than we had expected）

先生：ここではさらに広告宣伝の英語について学びましょう。

生徒：はい！ 宣伝で商品のイメージがグッと変わりますよね。

> 決まり表現をスラスラ言えるようになろう！

会議で役立つ広告宣伝の表現

1. We **should put out advertising** which sells products, a dream and a message.

2. I **propose** we should **project an image of social responsibility** through our advertisements.

3. How much does it cost to **run an advertisement** in major newspapers?

4. **Why don't** we **hand out fliers** in front of the station?
   参考）flier は飛んで行ってしまいそうなほど軽いので flier と言います。

5. **How about putting out newspaper inserts,** because many people check them?

6. I **suggest putting an ad** in women's magazines, because our target customers are women.

7. Putting an ad in the women's magazines succeeded **better than we had expected**.

8. It is expensive to **air a commercial** on TV, especially during **prime time**.　参考）prime は「重要な」を意味する。「ゴールデンアワー」は日本語英語。

9. Popular fashion models' **performance fees** are high.
   注意）出演料を「ギャラ」と言うのはカタカナ英語です。

10. Advertising expenses for our new products were **higher than we had expected**.

Chapter 5-6
円・ドル・為替相場

※かっこの中の表現を使って、英語で練習しましょう。

英語で言ってみよう！

円高ドル安に関する表現

1. 円高になりました。（appreciate）

2. 円高のおかげで輸入商品を安く購入できます。（appreciation of the yen）

3. 円高で輸入原料のコストが低減しました。
（strong yen / decrease / imported raw materials）

4. 円高のおかげで原料や製品を低価格で輸入できます。
（raw materials and products / strong yen）

5. 私たちは顧客に円高の恩恵を与える（還元する）べきです。
（pass on to / benefits of the strong yen）

6. つまり、（私は）円高なので商品の価格を下げることを提案します。
（In other words / reduce the price）

7. 円高の時は物価が下がる傾向にあります。
（the yen is strong / commodity prices / go down）

8. 多くの日本の製造会社が、円高対策のために中国と東南アジアに生産を移しました。（shift their production to）

先生：円高（appreciation of the yen / strong yen / high yen）・ドル安（depreciation of the dollar / weak dollar / low dollar）、円安（depreciation of the yen / weak yen / low yen）、ドル高（appreciation of the dollar / strong dollar / high dollar）関係を話せるようになりましょう。
生徒：話せるようになりたいな〜と思っていたので、がんばって覚えます！

決まり表現をスラスラ言えるようになろう！

円高ドル安に関する表現

1. The Japanese yen has **appreciated**.

2. Thanks to the **appreciation of the yen**, we can buy imported goods cheaply.

3. The **strong yen decreased** the cost of **imported raw materials**.

4. We can import **raw materials and products** at low cost because of the **strong yen**.
   参考）価格の前の at を覚えましょう。

5. We should **pass on to** customers the **benefits of the strong yen**.

6. **In other words,** I propose that we should **reduce the price** because the yen is strong.

7. When **the yen is strong, commodity prices** tend to **go down**.
   参考) tend to 〜は「〜する傾向にある」を意味します。tend の名詞形 tendency「傾向」です。

8. Many Japanese manufacturers **shifted their production to** China and Southeast Asian countries due to the strong yen.

英語で言ってみよう！

9. 輸出業者は円高で深刻な損害を被ります。
   （suffer serious damage / strong yen）

10. しかしながら、原料のコスト減少は輸出の落ち込みを相殺する助けとなりました。（reduced cost of raw materials / help offset）

11. 技術輸出の収入は、円高にもかかわらず伸びました。
    （technology exports / strong yen）

円安ドル高に関する表現

12. 円安になりました。（depreciate）

13. 円安のために輸入商品の価格が高くなりました。（depreciation of the yen）

14. 輸出業者は円安で利益を得ます。（exporter / make profits / weak yen）

15. 輸出業者は円安のおかげで収益が増加しました。（boost one's earnings）

16. 円安を通して外需拡大できます。（increase foreign demand / weak yen）

17. 円安の時は物価が上昇する傾向にあります。（weak / go up）

18. 円安のために価格を上げなければなりません。（weak yen）

19. 円安なので低い価格でご提供するのは簡単なことではありません。（low yen）

為替相場に関する表現

20. 今、為替相場は安定しています。（exchange rate / has stabilized）

21. 為替相場は変動しています。（fluctuate）

22. 日本円は米ドルに対して1ドル80円で取引されました。
    （be traded at / against）

> 決まり表現をスラスラ言えるようになろう！

9. Exporters **suffer serious damage** due to the **strong yen**.

10. However, the **reduced cost of raw materials helped offset** declining exports.

11. Our income from **technology exports** has increased in spite of the **strong yen**.

円安ドル高に関する表現

12. The yen has **depreciated**.

13. Due to the **depreciation of the yen**, the price of imported goods went up.

14. **Exporters make profits** due to the **weak yen**.

15. Exporters **boosted their earnings** due to the low yen.

16. We can **increase foreign demand** via the **weak yen**.

17. When the yen is **weak**, prices tend to **go up**.

18. We must raise prices due to the **weak yen**.

19. Due to the **low yen**, it isn't easy to offer you a low price.

為替相場に関する表現

20. The **exchange rate has stabilized** now.

21. The exchange rate is **fluctuating**.
    参考）安定していないのでフラフラしている fluctuating と覚えましょう。

22. The Japanese yen **was traded at** 80 yen **against** the U.S. dollar.

Chapter 5-7
海外アウトソーシング

※かっこの中の表現を使って、英語で練習しましょう。

> 英語で言ってみよう!

海外アウトソーシングを奨励する理由と具体例の表現

1. 日本市場は縮小しています。(shrink)

2. 日本は少子化と高齢化に直面しています。
   (declining birthrate / aging population)

3. 日本は地震や台風などの自然災害によく襲われるので、海外アウトソーシングが大切です。
   (be hit by natural disasters / offshore outsourcing)

4. 世界的規模でビジネスを発展(拡大)させることが必要です。
   (on a global scale)

5. 先進国の多くの会社が、今、インドに施設を設立しています。(set up facilities)

6. 発展途上国へのアウトソーシングは費用効率がよいです。(cost-effective)

7. 中国での製造は人件費を削減できます。(manufacturing / labor costs)

8. ベトナムでの生産は、中国での生産よりずっと安いです。(much cheaper)

CD2-Track 46

先生：アウトソーシングとは従来は、主に部品や製品を外部の業者から外部調達すること、労働賃金の安い新興国（emerging countries ※代表格は BRICS: Brazil, Russia, India, China and South Africa）で大量に生産し、先進国市場に出荷する加工輸出モデル型でした。しかし、現在の海外製造拠点では、進出した地域の供給拠点の役割を担うようになってきています。
生徒：中国で製造した液晶テレビは中国国内で販売されるようになってますね。
先生：国内市場が縮小化する中、日本の製造業のアウトソーシングが増大しています。アウトソーシングについて話せるようになりましょう。

5・絶対に必要なビジネス知識

決まり表現をスラスラ言えるようになろう！

海外アウトソーシングを奨励する理由と具体例の表現

1. The Japanese market is **shrinking**.

2. Japan is facing a **declining birthrate** and **aging population**.

3. Japan **is** often **hit by natural disasters** such as earthquakes and typhoons, so **offshore outsourcing** is important.

4. It is necessary for the company to develop its business **on a global scale**.

5. Many companies in developed countries are now **setting up facilities** in India.

6. Outsourcing to developing countries is **cost-effective**.
   注意）発展途上国は発展している最中だから developing country、先進国はすでに発展しているから developed country である。言い間違える人が多いので気をつけましょう！

7. **Manufacturing** in China reduces **labor costs**.

8. Manufacturing in Vietnam is **much cheaper** than in China.

英語で言ってみよう！

9. 多くのアメリカの会社がインドのIT外部調達市場を使っています。
（IT outsourcing market）

10. 例えば、あなたがアメリカのカスタマーサービスに電話をしたら、インドの顧客サービスに転送されるかもしれません。（be transferred to）

海外アウトソーシングの問題点と対策の表現

11. 言葉の障害は大きな問題です。（language barrier）

12. 海外アウトソーシングに依存しすぎるべきではありません、というのは輸送時のトラブルにあうかもしれないからです。
（depend on / encounter transport trouble）

13. 海外アウトソーシングを始める時は通貨危機を考えなければなりません。
（currency risk / offshoring）

14. リスクを考え合わせると日本で生産し続ける方がよいです。
（considering the risks）

15. 現地調達率を上げることが大切です。（raise / local procurement rate）

16. 現地調達率を高めることで、コスト削減が期待できます。
（increase the local procurement rate）

17. 海外アウトソーシングのために、わが社の製品の質は低下しました。
（quality of our products / deteriorate）

18. 海外アウトソーシングのために、製品が締め切りに間に合いません。
（fail to / meet deadlines）

19. 地元の労働者を教育するために、生産と品質管理マネージャーを派遣しなければなりません。（production and quality control managers）

> 決まり表現をスラスラ言えるようになろう！

9. Many American companies are using India's **IT outsourcing market**.

10. For example, if you call a company's customer services in America, the calls may **be transferred to** their customer services in India.

> 海外アウトソーシングの問題点と対策の表現

11. The **language barrier** is a big problem.

12. We should not **depend** too much **on** offshore outsourcing, because we may **encounter transport trouble**.

13. We should think about the **currency risk** when we begin **offshoring**. 参考）offshore outsourcing と offshoring は同じです。

14. **Considering the risks,** it's better to continue manufacturing products in Japan.

15. It's important to **raise** the **local procurement rate**.

16. We can expect to reduce costs by **increasing the local procurement rate**.

17. The **quality of our products** has **deteriorated** due to offshore outsourcing.

18. Our production **fails to meet deadlines** due to offshore outsourcing.

19. We should send our **production and quality control managers** to train local workers.

5・絶対に必要なビジネス知識

Chapter 5-8
関連会社・提携会社・企業合併の発表

※かっこの中の表現を使って、英語で練習しましょう。

> 英語で言ってみよう！

子会社・関連会社・提携会社・合弁会社に関する表現

1. 当社は韓国に4社の関連企業があります。
   （associated company）

2. 中国の企業と折半出資の合弁会社を設立しました。
   （set up a joint venture company）

3. 当社はXYZ社と2年契約の合弁契約を締結しました。
   （sign a joint venture contract with 〜）

4. 初期投資は100万ドルです。
   （initial investment）

5. 私たちは、ビジネスチャンスを広げるために小会社を設立します。
   （subsidiary / open up business opportunities）

6. 合弁企業を設立することで、責任を分かち合うことができます。
   （share responsibilities / joint venture company）

7. 法人税の減税措置もあります。
   （corporate tax breaks）

先生：アウトソーシングの4割は海外の子会社（subsidiary）、関連会社（affiliated company）、提携会社（associated company）や合弁会社（joint venture company）が占めています。会社の形態やM＆A（吸収合併）の基本単語が使えるようになりましょう。会社説明にも使える表現が学べます。

生徒：最近はM＆Aが多いので、話せるようになりたいな～と思っていました！

| 決まり表現をスラスラ言えるようになろう！ |

子会社・関連会社・提携会社・合弁会社に関する表現

1. We have four **associated companies** in Korea.

2. We **set up a** fifty-fifty **joint venture company** with a Chinese company.

3. We **signed a** two-year **joint venture contract with** XYZ.

4. The **initial investment** is $1 million.

5. We're establishing a **subsidiary** to **open up business opportunities**.

6. We can **share responsibilities** by setting up a **joint venture company**.

7. There are some **corporate tax breaks**.

英語で言ってみよう！

合併買収に関する表現

8. 当社は昨年アメリカの会社3社を500万ドルで買収することに成功しました。
（successfully / acquire）

9. 合併買収を事業戦略の一部であると考えます。
（regard A as B / mergers and acquisitions / business strategy）

10. Floral Apparel Coと合併を発表するためにこの会議を招集しました。
（call this meeting / inform / merge with）

11. 4月1日付でFloral Apparel Coと、Floral Life Corporationの名前で合併します。（merge with / under the name of / as of）

12. この合併によって、革新的な商品を開発し競争力を高めることができます。
（develop innovative products / heighten one's competitiveness）

13. ビジネス規模を広げることによって成功を達成できます。
（achieve success / increase one's business size）

14. 合併によって相乗効果を生み出さなければなりません。
（create synergies）

15. 社内で一貫性がなければなりません。（consistency）

16. 私たちは、新しい品質管理マニュアル・生産マニュアル・販売マニュアル・就業規則マニュアルを作成しなければなりません。
（compile / quality control manual / office regulations manual）

17. 企業文化の違いを理解しなければなりません。
（corporate culture）

> 決まり表現をスラスラ言えるようになろう！

合併買収に関する表現

8. We **successfully acquired** three American companies for $5 million last year.

9. We **regard mergers and acquisitions as** part of our **business strategy**.

10. I've **called this meeting** to **inform** you that we are going to **merge with** Floral Apparel Co.

11. We are **merging with** Floral Apparel Co **under the name of** Floral Life Corporation **as of** April 1.
    参考) as of ＋日付をしっかり覚えましょう。

12. We can **develop innovative products** and **heighten our competitiveness** through this merger.
    参考) height「高さ」に、動詞を作る接尾辞 -en をつけると heighten「高める」。

13. We can **achieve success** by **increasing our business size**.

14. We have to **create synergies** through this merger.

15. There must be **consistency** within the company.

16. We have to **compile** a new **quality control manual**, a production manual, a sales manual, and an **office regulations manual**.

17. We have to understand the differences in **corporate culture**.

Chapter 5-9
工場で使う英語

※かっこの中の表現を使って、英語で練習しましょう。

> 英語で言ってみよう！

安全基準に関する表現

1. 工場はアメリカにあるので、アメリカの安全基準に従わなければなりません。
（be required to ＋ 動詞の原形 / follow US safety standards）

納期に関する表現

2. われわれの製品は、納期に間に合わないので多くの苦情を受けています。
（meet the deadlines / complaint）

3. 私たちは、遅滞の理由を突き止めなければなければなりません。
（need to / identify the cause of the delays）

人事面での対策に関する表現

4. 熟練労働者が不足しているので採用しなければなりません。
（recruit skilled workers / run out of）

品質管理対策に関する表現

5. 私たちは欠陥率を下げなければなりません。（lower the defect rate）

6. 私たちは細部にわたるチェックをしなければなりません。
（carry out detailed checks）

7. 私たちは抜き取り検査を行わなければなりません。（sampling tests）

8. 製造時の温度調整を厳密に管理します。（production temperature）

先生：製造現場での問題点は何か、わかりますか？
生徒：海外アウトソーシングによる品質の低下、納期の遅滞ですよね？
先生：品質の低下と納期の遅滞と工場で余剰在庫を持たない方法、つまり JIT (just in time) とリードタイムの短縮について話せるようになりましょう。

決まり表現をスラスラ言えるようになろう！

安全基準に関する表現

1. As our factory is in the USA, we **are required to follow US safety standards**.

納期に関する表現

2. Our products don't **meet the deadlines**, so we have a lot of **complaints**.

3. We **need to identify the cause of the delays**.
   注意）緊急の場合は should より need to を使います。

人事面での対策に関する表現

4. We have to **recruit skilled workers** because we are **running out of** them.

品質管理対策に関する表現

5. We need to **lower the defect rate**.

6. We have to **carry out detailed checks**.

7. We should carry out **sampling tests**.

8. We control the **production temperature** strictly.

| 英語で言ってみよう！ |

9. 寸法、硬さ、傷をチェックします。
（dimensions / hardness / fractional defects）

10. 品質管理のデータベースの構築はとても必要です。
（build a database for QC）

11. データのばらつきから問題点を突き止めることができます。
（identify / dispersion of the data）

| 部品会社と製造メーカーの基本的な交渉の表現例 |

12. 弊社の製造ラインは、至急その部品が必要です。（urgently）

13. 締切日を前倒しにしてもらえませんか？（advance the deadline）

14. 締め切りまでに目標数に達することは無理と思われます。
（reach the target production amount）

15. 弊社の製造能力は1日1万個です。（production capacity）

16. 納品を3回に分けることは可能ですか？
（divide the delivery into ＋ 数字 ＋ batches）

17. それなら実現可能です。（feasible）

18. 生産管理部と品質管理部が協力します。（cooperate with ～）

| JIT に関する表現 |

19. JIT は just in time の略号です。（be an abbreviation for ＋ 名詞）

20. 必要な時に必要な製品を供給することを意味します。
（providing necessary merchandise / whenever necessary）

> 決まり表現をスラスラ言えるようになろう！

9. We check **dimensions, hardness**, and **fractional defects**.

10. It's very important to **build a database for QC**.

11. We can **identify** problems by the **dispersion of the data**.

> 部品会社と製造メーカーの基本的な交渉の表現例

12. Our product line **urgently** needs those parts.

13. Would you mind **advancing the deadline**?

14. It seems to be impossible to **reach the target production amount** by the deadline.

15. Our **production capacity** is 10,000 pieces a day.

16. Is it possible to **divide the delivery into** three **batches**?

17. That would be **feasible**.

18. The Production Control Department and the Quality Control Department **cooperate with** each other.

> JITに関する表現

19. JIT **is an abbreviation for** "just in time".

20. It means **providing necessary merchandise whenever necessary**.

> 英語で言ってみよう！

21. 工場が多くの在庫を抱えすぎることを避けられるので、このシステムは効果的です。（avoid holding too much stock）

> リードタイムに関する表現

22. 需要に合わせるためには、製品がすばやく生産されなければなりません。
（meet the demand / be processed / promptly）

23. 私たちはリードタイムを短くしなければなりません。（shorten）

24. 当工場では注文から納入までの期間を1週間短縮して10日間とします。
（cut A to B / by（単位）＋ to（期間））

> 決まり表現をスラスラ言えるようになろう！

21. This system is efficient because the factory can **avoid holding too much stock**.

> リードタイムに関する表現

22. In order to **meet the demand**, the products must **be processed promptly**.

23. We will have to **shorten** the lead time.
重要）lead time とは、注文から納入までの期間です。

24. Our factory will **cut** lead times **by** one week **to** 10 days.

Chapter 5-10
在庫管理と価格設定

※かっこの中の表現を使って、英語で練習しましょう。

英語で言ってみよう！

需要を予測する必要性の表現

1. 私たちは在庫の需要を見極めなければなりません。
   (identify / inventory demands)

2. 製品の数量を予測しなければなりません。
   (forecast / right quantity of products)

3. 私たちは、どのモデルが売れるかを読み違えてはいけません。
   (misjudge / what models sell)

4. 在庫量をもっと注意深く考える必要があります。(inventory levels)

在庫過剰対策に関する表現

5. 積み上がっている在庫を減らさなければなりません。(inventory build-up)

6. 売上が落ちたので、私たちは在庫を調整しなければなりません。
   (control inventory)

7. 在庫が多すぎるので、販売価格を検討しなければなりません。
   (keep too much inventory / reconsider one's prices)

8. 私たちは、割引のタイミングを決定しなければなりません。(mark-down)

先生：在庫管理の問題は小売店だけでなく工場の問題でもあることが、Chapter 5-9で勉強できましたね。
生徒：在庫が不足し納品が遅れると、お客様の信用を失いますね。
先生：在庫量は販売価格を決定する要素でもあります。ここでは在庫管理に関する単語をしっかり覚えましょう。

> 決まり表現をスラスラ言えるようになろう！

需要を予測する必要性の表現

1. We should **identify inventory demands**.

2. We should **forecast** the **right quantity of products**.

3. We should not **misjudge what models** will **sell**.

4. We need to consider our **inventory levels** more carefully.
   参考）need to は緊急を要する時に使います。

在庫過剰対策に関する表現

5. We should reduce **inventory build-up**.

6. Sales have fallen, so we have to **control** our **inventory**.

7. Since we are **keeping too much inventory**, we have to **reconsider our prices**.

8. We should decide the timing of a **mark-down**.
   参考）通常各シーズンの終わりに割引のタイミングを決定します。
   　　　mark-up は「値上げ」を意味します。

英語で言ってみよう！

9. 私たちは、基本商品の必要な在庫を維持するのに失敗しました。
（maintain / sufficient inventory）

10. その結果、商品の不足を引き起こしました。
（lead to / shortages of some items）

適正在庫維持に関する表現

11. 適切な数量の製品を、適切な場所に、適時に持たなければなりません。
（right quantity of products / right place / right time）

12. 私たちの供給は、季節需要に合わせなければならない。
（our supplies / meet seasonal demand）

13. 季節要因による一時的な需要を満たす在庫を、積み増さねばなりません。
（build up stock / meet seasonal factors）

14. 私たちは、基本商品の必要な在庫を維持しなければなりません。
（maintain / stocks of basic items）

15. 在庫管理は、適正在庫水準を維持しなければなりません。
（inventory control / optimum inventory level）

16. 1日1回、在庫をコンピュータで調べる必要があります。
（track / inventory）

17. 在庫割り当ては、店内よりもセンターで計算されるべきです。
（stock allocations / calculated / rather than）

18. 私たちは店の販売と（現）在庫をモニターして、必要な（補充）在庫を送らなければなりません。
（dispatch / necessary inventory / monitor sales / inventory）

> 決まり表現をスラスラ言えるようになろう！

9. We failed to **maintain sufficient inventory** (stocks) of basic items.
参考）sufficient の代わりに necessary、inventory の代わりに stocks でも OK です。

10. It **led to shortages of some items**.

> 適正在庫維持に関する表現

11. We should get the **right quantity of products** to the **right place** at the **right time**.

12. Our supplies must meet **seasonal demand**.

13. We must **build up stock** to **meet seasonal factors**.
参考）seasonal fluctuations、seasonal variations でも OK です。

14. We should **maintain** the necessary **stocks of basic items**.

15. Inventory control should maintain **optimum inventory level**.

16. We should **track inventory** by computer once a day.

17. Stock allocations should be **calculated** centrally **rather than** in-store.
参考）We は company を意味します。

18. We should **dispatch necessary inventory** by **monitoring sales** and **inventory** at stores.

Chapter 5-11
物　流

※かっこの中の表現を使って、英語で練習しましょう。

英語で言ってみよう！

物流についての表現

1. 物流は製品の流れの管理を意味します。（logistics / flow of products）

2. それは原材料から完成品までの流れです。
（from raw materials to finished products）

3. 基本的に物流サービスは倉庫から顧客まで製品を輸送することを意味します。
（transporting products / warehouse）

4. マーケティングと販売サービスを提供する物流会社もあります。
（logistics company）

5. 物流管理の方が（有利な）取引条件より大切である、と言う専門家がいます。
（logistics management）

6. 物流の会社には在庫管理の責任を担う会社もあります。
（be responsible for / inventory control）

7. 物流会社とともに事業をすることでタイムリーで正確な情報を得ることができます。（obtain / logistics provider）

8. あなたの商品の配達状況を運送会社から見つけることができます。
（track / status of one's products / freight company）

9. 運送業が向上したおかげで、商品は効率的に動きます。（freight industry）

10. 不景気時に物流会社はサービスの幅を大きく広げました。
（expand / range of services）

先生：情報技術を駆使し企業の経営合理化を図る受発注、原材料調達、在庫管理の配送の一連の流れの中で物流管理（logistics management）に関する単語を覚えましょう。

> 決まり表現をスラスラ言えるようになろう！

物流についての表現

1. **Logistics** basically means the management of the **flow of products**.

2. It's the flow **from raw materials to finished products**.

3. Basically, logistics services mean **transporting products** from a **warehouse** to the customer.

4. Some **logistics companies** provide marketing and sales services.

5. Some experts say that **logistics management** is more important than better terms.

6. Some logistics companies **are responsible for inventory control**.

7. We can **obtain** timely and accurate information by working with a **logistics provider**.
   参考）logistics company と logistics provider は同じです。

8. You can **track** the **status of your products** through our **freight company**.

9. Thanks to improvements in the **freight industry**, goods are moved efficiently.

10. During the recession, logistics companies greatly **expanded** their **range of services**.

付　録

CD2-Track 56

1. レストランやパーティでの英語

Chapter 1 から Chapter 5 までビジネス英語を学んできました。
レストランやパーティーなどでの友好関係を深める、または交流を広げる英語は大切です。レストランやパーティーに招待する時と招待された時に使える英語を厳選しました。言えるかどうかチェックしましょう。

英語で言ってみよう！

レストランに誘う

1. 金曜日の夜は予定がありますか？
Do you have any plans on Friday evening?
注意）Do you have any plan? は「何か企画がありますか？」を意味するので×です。普通に予定を尋ねる時は複数にします。

2. ディナーに誘いたいのですが。
We'd like to invite you to dinner.
参考）to の次は our house や a welcome party など、いろいろ入れ替え可能です。

3. ご一緒したいのですが、先約がございます。
I wish I could, but I have another appointment.

4. ありがとうございます。ぜひご一緒したいです。
Thank you very much. That sounds great.

5. 食べられないものが何かありますか？
Is there anything you can't eat?
重要）Is there anything ～は応用可能。例：Is there anything I can do for you?
注意）Do you have any food you can't eat? は「食べられないものを何

か持っていますか？」を意味するので×です。

6. どのような料理を召し上がりたいですか？
What kind of food would you like to try?

7. 日本食とフランス料理と、どちらがよろしいですか？
Which do you prefer, Japanese or French food?
参考）Which do you like, A or B? はビジネスの場面では少し幼稚です。

8. どちらでもよいのですが、フランス料理の方が好きです。
Either is fine with me, but I'd prefer French food.

> レストランで

9. 土地の名物料理を食べたいのですが。
I'd like to try some local food.

10. どうか試しに食べてみてください。
Please give it a try.
参考）相手にとって初めての料理や飲み物を勧める時の表現です。

11. この魚にはどのワインがお勧めですか？
Which wine would you recommend with this fish?

12. 日本酒をいかがですか？
Would you like Japanese rice wine?

13. お米は日本の主食です。お米を食べると、私たちは簡単におなかがすきません。
Rice is a staple food for the Japanese. If we eat rice, we don't get hungry so easily.

14. 他に何か、もっと食べ物はいかがですか？
Would you like some more to eat?

15. 何か他のものを注文しましょうか？
Shall I order something else?

16. デザートなら、まだ食べられます。
I still have room for dessert.
参考）この場合の room は不可算名詞です。

17. このお料理はとてもおいしいですね。
This food is superb.
参考）招待されて料理をほめることは大切です。superb の代わりに delicious、excellent、wonderful など、入れ替え可能です。yummy は子供っぽい表現です。

18. お勘定は私が払います。
I'll take care of the bill.
注意）I'll pay the bill.「私が払ってあげます」はビジネスの場面では△。

19. あとで会社が払い戻してくれますから。
The company will reimburse me later.
参考）これを言うと、顧客が気を使わないで済みます。

20. とても楽しかったです。おなかいっぱいです。お料理、本当においしかったです。何から何までありがとうございます。
I had a very good time. I'm full. I really enjoyed the food. Thank you for everything.
注意）I've had enough. は「もう、こりごりだよ」を意味するので×。

パーティーで

自己紹介の方法などは Chapter 2 を復習しましょう。

21. 皆さん、乾杯したいと思います。
Attention everyone, I'd like to propose a toast.

22. どうぞ、よろしく。乾杯！
To our friendship! Cheers!
参考）To の次は入れ替えて応用可。例：To your health! Cheers!「あなたの健康を祈って乾杯」

23. 何でも好きな物を自由に取ってお食べください。
Please help yourself to whatever you like.
重要）to の次は食べ物、飲み物を入れ替え可能です。

24. 何か面白そうですね。会話に加わってもいいですか？
Something interesting seems to be going on here. Do you mind if I join the conversation?
重要）人数が比較的多いパーティーでは、いろんなグループに参加することも大切です。

25. ご招待していただき、ありがとうございます。
It was very kind of you to invite us.

2. スモールトークに役立つ日本の基礎知識

1. 日本の面積

① 日本の面積は38万平方キロメートルで、世界で60位です。
The land area of Japan is about 380 thousand square kilometers and it ranks 60th in the world.

② 日本はカリフォルニアより少し小さいです。
Japan is a little smaller than California.

2. 日本の人口と人口密度

① 日本の人口は約1億2800万人で、世界10位です。
The population of Japan is about 128 million people, and it ranks tenth in the world.

② 日本の人口密度は1平方キロメートル当たり約340人で、世界で4番目です。
The population density of Japan is 340 people per square kilometer, which is the fourth highest in the world.

3. 日本の気候

① 日本の気候は地域によって異なりますが、一般的に春夏秋冬がはっきりしています。
The Japanese climate differs from region to region, but generally speaking Japan has four clear-cut seasons: spring, summer, autumn and winter.（アメリカ英語では秋は fall、イギリス英語では autumn）

② 梅雨と呼ばれる雨季は6月半ばに始まり、約1カ月続きます。
The rainy season, called "Tsuyu", begins in about the middle of June and lasts about a month.

③ 熱帯に起こる旋風である台風は夏の終わりから、秋の初めにかけて日本に上陸

します。
Typhoons, which are violent rotary storms of tropical origin, often hit Japan in late summer and early autumn.

④ 日本の年間平均降水量は1,700ミリで、一方、アメリカは平均650ミリです。
The average annual rainfall in Japan is about 1,700 millimeters, while America has an average rainfall of 650 millimeters.

4. 日本の地形

① 日本の70％は山で覆われています。
About 70％ of Japan is covered by mountains.

② 日本列島の長さは約3,500キロメートルです。
The Japanese archipelago is about 3,500 km long.

③ 日本は火山国で、火山帯は短い急流と渓流と温泉地を生み出しました。
Japan is a country of volcanoes and produces short and fast-flowing rivers, deep gorges, and hot spring areas.

④ 日本には約80の活火山があり、世界の活火山の約10％です
Japan has about 80 active volcanoes, which is approximately 10％ of all the active volcanoes in the world.

⑤ 日本は海に囲まれているので、日本の漁獲量は世界のトップクラスです。
As Japan is surrounded by the sea, Japan's fish catch is one of the largest in the world.

5. 日本に地震が多い理由

日本列島は北米プレートとユーラシアプレートに沿って位置しています。
太平洋プレートとフィリピン海プレートが、これらのプレートの下に押し込まれています。
そのことが地形を不安定にし、日本や日本近辺の多くの地震の原因となります。

付録

The Japanese archipelago is situated along the North American Plate and the Eurasian Plate. The Pacific Plate and the Philippine Sea Plate are squeezed in under these plates. This makes the landforms unstable and causes a lot of earthquakes in and around Japan.

6．日本と原発

東日本大震災と津波が2011年3月に発生する前は、日本は電力の30％を原子炉から得てました。原子力発電所が地震に耐えられる能力があるかどうかは懸念されていました。

Prior to the Great East Japan Earthquake and tsunami of March 2011, 30％ of Japan's electrical power was generated from nuclear reactors. There had been concerns about the ability of the nuclear plants to withstand earthquakes.

7．日本の国旗

日本の国旗は「日の丸」と呼ばれています。文字通り「太陽の円」を意味します。赤い円は日の出を象徴しています。紅白の組み合わせは、日本ではめでたいと考えられています。

The Japanese national flag is called the "Hinomaru". It literally means "sun circle".

The red circle symbolizes the rising sun. The combination of red and white is considered to be auspicious in Japan.

8．日本の国花

日本には法的に認められた国花はありません。桜の花と菊が一般的に国花とみなされています。菊の形は太陽に似ています。菊は長寿と永遠の若さを意味します。

There are no legally recognized national flowers in Japan.

The cherry blossom and the chrysanthemum are generally regarded as national flowers.

The shape of the chrysanthemum resembles that of the sun.

The chrysanthemum symbolizes longevity and eternal youth.

9. 皇室の家紋

皇室の家紋は16弁の菊の花です。
The crest of the imperial family is a 16-petal chrysanthemum.

10. 日本の国鳥

日本の国鳥はキジで日本固有の鳥です。キジは地震を予知する鳥としても知られています。
Japan's national bird is the pheasant, which is native to Japan. It is known as a bird that can predict earthquakes.

11. 日本人の宗教と日本人が同時に複数の宗教を持つ理由

日本には主に神道、仏教、キリスト教の３つの宗教があります。
神道は日本固有の宗教です。
神道、仏教、キリスト教の信者の総数は日本の総人口の２倍だと言われています。
これは神道には創始者や経典がないことが理由のようです。
There are primarily three recognized religions.
Shinto is the indigenous religion of Japan.
The total number of believers in Shintoism, Buddhism and Christianity is said to be twice as large as the population of Japan.
This may be due to the fact that Shintoism has no founder or scriptures.

12. 神道と日本人が八百万の神を信じる理由

神道は日本固有の宗教です。自然崇拝を基本にしています。
やおよろずの神が存在すると信じられています。
日本は農業国で古代の人々の生活は雨・風・雷などに支配されていたので、自然現象が人間より強いと考えられ、人々はそれを崇拝しました。
Shinto is the indigenous religion of Japan. It is based on nature worship. It is believed that there are myriads of gods.
Japan was an agricultural country and ancient people's lives were controlled by natural phenomena, such as rain, wind, and thunder, and so on, so they believed that the natural phenomena were stronger than human beings and revered them.

付録

13. 日本人とキリスト教とクリスマス

キリスト教は1549年に日本に紹介され、1612年には政治的理由から禁止されました。この状況は、日本がアメリカやヨーロッパ諸国と国交を開いた19世紀末まで続きました。

1873年にキリスト教禁止令は解かれました。今日、日本は法律で保障された信教の自由のおかげで宗教を選べます。200万人の人がキリスト教の信者だと言われています。

クリスマスとバレンタインのお祝いは日本経済を刺激します。

Christianity was introduced in Japan in 1549, but it was banned for political reasons in 1612. This situation continued until the end of the 19th century, when Japan established diplomatic relationships with America and European countries. The ban on Christianity was lifted in 1873. Now, Japanese people can choose their own religion, thanks to the freedom of religion guaranteed by law. It is said that there are two million Christian believers.

Christmas and St. Valentine's Day celebrations help to stimulate the Japanese economy.

14. 夫婦一組の子供の平均的な人数

夫婦一組についての子供の平均的な数は、1.4人です。

The average number of children per couple is 1.4.

15. 日本の教育制度

日本は第二次世界大戦後から6-3-3-4の教育制度の形を取っています。小学校と中学校は義務教育です。90％の人が高校に行き、高校の卒業生の40％が大学、または短大に進みます。ほとんどの高校・短大・大学に入るには入学試験を受ける必要がありますので、塾や予備校に通います。

Japan has had a 6-3-3-4 education system since the end of World War II. Elementary and junior high school are compulsory. 90% of students go to high school and 40% of high school graduates go to junior colleges or universities.

In order to enter most high schools, junior colleges, or universities, students have to take entrance examinations, so they go to "Juku" or "Yobiko".

16. 塾

塾は詰め込み学校です。通常の学業に加えて、テストの勉強をするために学生たちは塾に行きます。

A "Juku" is a cram school. In addition to their regular schoolwork, students go to cram school to prepare for their exams.

17. 予備校

予備校は文字通り、準備するための学校を意味します。大学の入学試験に不合格になった人が次の入学準備をするために行くところです。

"Yobiko" literally means a preparatory school. Students who fail to pass the entrance examinations to universities go to "Yobiko" to prepare for their next examinations.

18. 日本の識字率は世界一

日本は世界一の99％の識字率を持っています。

Japan enjoys the highest literacy rate, 99％, in the world.

19. 漢字

約3,000の漢字が日本で一般に使用されています。漢字が絵文字であることはよく知られています。漢字の川を見てください。「川」は river を意味します。「川」は3本の縦線から成り立っています。3本の縦線は水の流れを意味します。

About 3,000 Chinese characters are commonly used in Japan. It is generally known that Chinese characters are pictograms. Please look at this Chinese character, "川".

"川" means "river". "川" consists of three vertical lines. These three vertical lines represent streams of water.

20. お見合い

お見合いは仲人によって結婚する可能性のある相手と設定された出会いですが、

お見合いの件数は減少しています。カップルは結婚するかどうかを決めるために何回かデートすることができます。

An "Omiai" is a meeting with a prospective marriage partner arranged by a go-between, but the number of "Omiai" has been decreasing.
A couple may date several times in order to make up their minds whether or not to get married.

21. 日本の雇用制度

終身雇用制度と年功序列制は、保守的な日本の会社でまだ残っていますが、能力主義の昇進主義をしている大手企業もあります。これらの会社では給与と昇進は勤務年数によっては決められません。

The lifetime employment system and the seniority system still survive in some conservative Japanese companies, but a merit-based promotion system has been adopted even in some large companies. Salaries and promotions don't depend on length of service in these companies.

22. 日本人と縮小化

日本人が縮小化に魅了されるのは、文化的な背景から来ているかもしれません。日本人は限られた土地を有効利用するために多くのものを縮小化しました。
日本の製品にも、そのことは反映されています。例えば Walkman を発明したのは日本人です。

Japanese people's fascination for miniaturization may come from their cultural background. Japanese people have miniaturized so many things to make the most of their limited space.
This is also expressed in Japanese products. For example, it was the Japanese that invented the Walkman.

23. 世界でも高い平均寿命

日本は世界で平均寿命が高い国の1つです。調査によると、日本人女性の平均寿命は86歳、日本人男性の平均寿命は79歳です。

Japan now enjoys one of the highest life expectancy rates in the world. According to a survey, the average life expectancy for Japanese women is 86 years old and the average life expectancy for Japanese men is 79 years old.

24. 日本人が長生きする理由

2つの大きな理由があります。1つは、国民健康保険制度で人々が良い医療を受けられ、会社員は年1回健康診断を受けます。もう1つは、日本人の食事は低脂肪で健康に良いからです。

There are two main reasons. One is that the national health insurance system provides good medical treatment and office workers get annual health check-ups. Another is that the Japanese diet is low-fat and healthy.

3. トラブル回避・トラブル解決の英語知識

● 飛行機の乗り継ぎ便に遅れて、会議に間に合わないことになったら大変です。次の表現を使いましょう。

1．飛行機の乗り継ぎ便に遅れた場合

関空発の飛行便が2時間遅れましたので、サンフランシスコ行のフライトに乗り遅れました。次のフライトに乗れますか？

Your airline's flight from Kansai International Airport was two hours late, so I missed the flight to San Francisco. Can I get the next flight?

● タクシー運賃をオーバーチャージされた話をよく聞きます。実は私も2度も経験しています。お願いしていないのに親切な顔をして待っていてくれたのですが、待ち時間も請求されたり、10分で行ける場所が30分かかったりです。顧客との待ち合わせに遅れると大変失礼になります。乗る前に2と3を確認してから乗車した方が良いでしょう。

2．ここから、ホテルエンバシーまで、どれくらい時間がかかりますか？

How long will it take to get to the Hotel Embassy?

3．市の中心部にあるメリーデパートに行くには、いくらかかりますか？

How much will you charge to go to Mary Department Store?

それでもまだ怪しいと思ったら、4や5を言いましょう。

4．メーターを使ってくれませんか？

Could you use the meter, please?

5．すでに15分かかっています。あと、どれだけかかりますか？

It has already been 15 minutes. How much longer will it take?

重要）How much longer 〜は応用可。例：How much longer do I have to wait?

● ホテルで予約がされていないことがあります。必ずEメールのプリントアウトや確認書を持参しましょう。

6．これが確認書をプリントアウトしたものです。
This is a print-out of the confirmation.
参考）confirmation slip でも OK です。

> コンピュータで予約すれば日時に間違いはないのですが、電話で予約する場合は日時に間違いが生じることが多いので、次の定型表現を使いましょう。

7．5月3日から2泊3日でシングルルームを予約したいのですが。
I'd like to reserve a single room for two nights, starting on May 3.
重要）single room を double、twin、non-smoking に言い換えて応用可です。
　　　〜泊は night を使い（for 〜 nights, starting on ＋日付）が一番確かです。

8．5月11日の晩の7時に2人で予約したいです。禁煙席をお願いします。
I'd like to make a reservation for two at seven on May 11th.
Non-smoking please.
参考）見晴らしのよいテーブルは a table with a view と言います。

> ホテルだけでなくコンピュータで打ち出した明細書をくれるレストランも多いですが、くれないところもあります。過剰請求されたと思ったら、必ず抗議しましょう。

9．私は過剰請求されていると思います。
I think I was overcharged.

10．この請求は何ですか？
What is this charge for?

11．項目別に書かれた請求書をいただけませんか？
Could you give me an itemized bill?

先生：不愉快な思いはしたくありませんね。何か質問はありませんか？
生徒：いろいろ教えていただいてとても役立ちそうです。ホテルを電話予約し、2泊3日の予定が1泊しか予約されていなかったことがあります。これ

付録

からはホテルを電話予約する時は7の表現（for 〜 nights starting on ＋日付）を使いますね。
先生：最後に1つ大切なアドバイスをしましょう。
スーツケースが空港で迷子になることがあります。スーツケースの写真を撮っておきましょう。そしてスーツケースには重要書類は入れないようにしましょう。
生徒：有益なアドバイスありがとうございます。
先生：海外出張する時、空港・タクシー・ホテル・レストランで不愉快な思いはしたくありませんね。注意して安全な海外出張をしましょう。

4. 品詞から単語力を増強する方法

付録

語源から単語を覚える方法を「ビジネス英語講座実況中継」で少し触れましたが、ここでは品詞からボキャブラリーを増やす方法について説明しましょう。

名詞を作る代表的な接尾辞とよく使うビジネス単語の名詞

接尾辞	単　語	意　味	接尾辞	単　語	意　味
-ance	perform**ance**	成績	-ence	refer**ence**	参照
-ency	effici**ency**	効率	-ion	instruct**ion**	指示
-is	analys**is**	分析	-ity	author**ity**	権威
-ment	develop**ment**	発展	-ness	competitive**ness**	競争力
-logy	apo**logy**	謝罪	-age	stor**age**	貯蔵
-ship	member**ship**	会員資格	-er	employ**er**	雇用主
-ee	employ**ee**	従業員	-or	instruct**or**	講師
-ist	econom**ist**	経済学者	-t	applican**t**	応募者

先生：人を表す名詞を作る代表的な接尾辞は -er、-ee、-or、-ist、-t と覚えましょう。

形容詞を作る代表的な接尾辞とよく使うビジネス単語の形容詞

接尾辞	単　語	意　味	接尾辞	単　語	意　味
-able	avail**able**	利用できる	-ible	deduct**ible**	控除できる
-al	annu**al**	1年に1回の	-ial	influent**ial**	影響力のある
-ent	effici**ent**	効率のよい	-ant	domin**ant**	支配的な
-ful	skill**ful**	熟練した	-ic	strateg**ic**	戦略的な
-ish	slugg**ish**	不景気な	-ive	competit**ive**	競争力の高い
-less	cash**less**	現金不要の	-ous	vari**ous**	さまざまな

生徒：何か覚える方法はないのですか？

先生：形容詞は関連づけると覚えやすいです。
　　　それでは、もう少し例を挙げて具体的に覚えましょう。

形容詞を作る接尾辞の持つ意味と単語

-able / -able「～のできる」　例：profitable「利益を上げることができる」
-al / ial「～の」　　　　　　例：commercial「商業の」
　　　　　　　　　　　　　　　　industrial「産業の」
-ent「～性質・状態」　　　　例：dependent「依存している」
　　　　　　　　　　　　　　　　consistent「一貫している」
-ful「～に満ちた」　　　　　例：beautiful「美しい」
　　　　　　　　　　　　　　　　forgetful「忘れっぽい」
　　　　　　　　　　　　　　　　graceful「感謝に満ちた」
　　　　　　　　　　　　　　　　painful「痛い・苦痛な」
-ic「～の性格がある」　　　　例：public「公衆の・公の」
　　　　　　　　　　　　　　　　graphic「グラフの」
-ish「～っぽい」　　　　　　例：foolish「ばかげている」
　　　　　　　　　　　　　　　　childish「子供っぽい」
-less「～がない」　　　　　　例：careless「不注意な」
　　　　　　　　　　　　　　　　groundless「根拠のない」
-ous「～の多い」　　　　　　例：famous「有名な」、dangerous「危険な」
　　　　　　　　　　　　　　　　hazardous「危険な」、zealous「熱心な」
　　　　　　　　　　　　　　　　courageous「勇気のある」

動詞を作る代表的な接（頭／尾）辞とビジネス単語の動詞

接尾辞	単語	意味	接尾辞	単語	意味
-ate	demonstr**ate**	実証する	en-/-en	streng**then**	強化する
	negoti**ate**	交渉する		**en**able	可能にする
-ify	noti**fy**	知らせる	-ize	emphas**ize**	強調する
	quali**fy**	資格を与える		special**ize**	専門にする

動詞を作る接尾辞の持つ意味と単語

en -/ -en「〜にする」	例：enrich「豊かにする」、enforce「実施する」 lengthen「長くする」、strengthen「強くする」
-ize「〜化する」	例：modernize「近代化する」 normalize「標準的な形式にする」 stabilize「安定化する」
-ify「〜にする・〜化する」	例：classify「分類する」、simplify「単純化する」 justify「正当化する」、fortify「強化する」
-ate「〜する」	例：create「作る」、evaluate「評価する」

副詞を作る接尾辞

1. ly　　　generally「一般的に」
2. ward　　forward「前方へ」、eastward「東の方へ」
3. wise　　clockwise「時計回りで」、likewise「同様に」

付録

5. 数字の英語

1.「50以上」の言い方

Chapter 4-1のビジネス実況中継にも下記のような形で出ています。
volume discount「数量割引」では、これが特に大切です。

We're offering a volume discount of 30% on orders of 50 or more.

「50台以上お買い上げの場合のご注文は数量割引で30%割引きにさせていただいています」

more than 50は、50が入らないので×です。「50以上」は50 or moreです。

2. 数字の読み方

3ケタごとの数字で読みます。

1,000　one thousand　　10,000　ten thousand
100,000　one hundred thousand

具体例を読んでみましょう。

- 2,536　two thousand five hundred (and) thirty-six
- 3,008　three thousand (and) eight
- 34,975　thirty-four thousand nine hundred (and) seventy-five
- 923,425　nine hundred (and) twenty-three thousand four hundred (and) twenty-five

100万以上の数字の読み方

- 1,000,000　one million（100万）
- 1,000,000,000　one billion（10億）
- 1,000,000,000,000　one trillion（1兆）

金額の読み方

$8.50　eight dollars and fifty cents
£9.45　nine pounds (and) forty-five pence

€50.36　fifty euros and thirty-six cents
¥15,000　fifteen thousand yen

年号の読み方

1900　nineteen hundred
1995　nineteen ninety-five
2003　two thousand (and) three
2013　two thousand (and) thirteen

電話番号の読み方

1語ずつ読みましょう。(0は zero でも oh でも OK です)
4532-6701　four five three two, six seven zero (oh) one

小数の読み方

小数の読み方は日本語とよく似ています。4.25は four point two five と読みます。0より少ない場合、例えば0.35の場合は zero point three five ですが、イギリスでは zero の代わりに nought と言うこともあります。また最初のゼロを省略して point three five と読むこともあります。

分数の読み方

分母を序数で読み、分子を整数で読むのが基本です。分子が2以上になると分母には複数の -s がつきます。

$\frac{1}{6}$　a [one] sixth　　$\frac{3}{8}$　three eighths　　$4\frac{5}{9}$　four and five ninths

数式の読み方

4 + 8 = 12　Four plus eight equals twelve.
　　　　　　Four and eight are (is / makes) twelve.
参考) and を使う時は単数でも複数でも OK です。
9 − 2 = 7　Nine minus two equals seven.
　　　　　　Two from nine is (leaves) seven.
5 × 3 = 15　Five times three is fifteen.
　　　　　　Five multiplied by three equals fifteen.

15÷3＝5　Fifteen divided by three equals five.
　　　　　Three goes into fifteen five times.

3．長さと重さ
1 inch ≒ 2.5cm
1 foot ＝ 12 inches ≒ 30cm
1 yard ＝ 3 feet ≒ 90cm
1 mile ＝ 1760 yards ≒ 1.6km
1 pound ＝ 16 ounces ≒ 450g

4．温度
　日本では摂氏(centigrade / Celsius)が使われ、英米では華氏(Fahrenheit)が使われています。略式換算法を覚えましょう。(F －30)÷2 ≒ C

著者略歴

柴山 かつの (しばやま かつの)

オフィスレム顧問。ビジネス通訳者。日米英語学院梅田校および多くの大学・企業でビジネス英語、TOEIC英検、通訳ガイド講座の講師歴も豊富。英検1級、通訳案内士国家資格保持。著書に『外資系の履歴書と面接の英語』、『短期集中講座TOEIC TESTシリーズ』(明日香出版社)『時間との戦いに勝つためのTOEIC TEST解法総合対策』(ベレ出版)『スコア900へのTOEICテストパーフェクトリスニング』(桐原書店)『はじめて受けるTOEIC TEST総合スピードマスター』(Jリサーチ出版)『TOEIC TEST出る8パターンスピードリーデング』(旺文社)『あなたも通訳ガイドです』(JAPAN TIMES社)など多数。うち6冊は海外翻訳出版。英語で小説を出版するのが夢♪

英文校閲

ポール・ドーリー (Paul Dorey)

英国生まれ。セント・アンドリュース大学中世史学部修士課程卒業。TEFL資格取得。フランス中・高等学校にて英語及び美術の講師、ケンブリッジ大学検定協会現代語学口頭試問・EFL（外国語としての英語教授法）部門にて勤務の後、来日。1990年より日米英語学院梅田校（大阪）にて英語講師として勤務、現在に至る。

CDの内容

タイム：CD1　63分58秒、CD2　66分57秒
ナレーター：Howard Colefield、Emma Howard

CD BOOK 場面別ビジネス英会話

2013年10月25日　初版発行

著者	柴山 かつの
カバーデザイン	竹内 雄二
本文イラスト	村山 宇希

©Katsuno Shibayama 2013. Printed in Japan

発行者	内田 眞吾
発行・発売	ベレ出版 〒162-0832　東京都新宿区岩戸町12 レベッカビル TEL.03-5225-4790　FAX.03-5225-4795 ホームページ　http://www.beret.co.jp/ 振替 00180-7-104058
印刷	株式会社文昇堂
製本	根本製本株式会社

落丁本・乱丁本は小社編集部あてにお送りください。送料小社負担にてお取り替えします。

本書の無断複写は著作権法上での例外を除き禁じられています。
購入者以外の第三者による本書のいかなる電子複製も一切認められておりません。

ISBN 978-4-86064-371-3 C2082　　　　　編集担当　脇山和美

発信型英語
スーパーレベルライティング

植田一三 著

A5並製／定価 1995 円（5% 税込） 本体 1900 円
ISBN978-4-86064-078-1 C2082　■ 376 頁

中・上級者のためのライティング学習決定版。英語の発信力を身につけるための語彙・表現、文法力アップ、英文引き締め、論理的なライティング力アップのトレーニングを徹底的に行います。また日英の発想の違いを学習し、日本人学習者の弱点、問題点を添削形式で練習します。発信型英語を身につけたい人の必須の一冊。

英語論文
すぐに使える表現集

味園真紀／小田麻里子 著

A5並製／定価 1995 円（5% 税込） 本体 1900 円
ISBN978-4-939076-06-0 C2082　■ 224 頁

卒論　研究発表　会社でのプレゼンテーションと日本社会の国際化に伴い、日本人が英語で論文を書く機会が増えてきています。本書では英語で論文を書くのに必要な表現を中心に、英語論文構成の仕方から論文作成のルールまでをこの 1 冊にまとめました。実用的で使いやすく、自分の内容にあわせて組み合わせが自由自在にできる表現集です。

書きたいことがパッと書ける
英語表現集

曽根田憲三／ブルース・パーキンス／小嶺智枝 著

A5並製／定価 1785 円（5% 税込） 本体 1700 円
ISBN978-4-86064-302-7 C2082　■ 368 頁

あいさつから、さまざまなやりとりに使える表現、自己紹介、日本の文化・社会についての表現までを、そのまま使ったり、組み合わせて使ったりが自由自在にできる短くてシンプルな英文で紹介します。メール、twitter、facebook、skype などなど、インターネット上で英語を使えばいろいろな国の人たちと交流もでき、自分から情報を発信することもできます。言いたいこと、伝えたいことをすぐに英語で表現したいときに使える便利な一冊です。

CD BOOK 2枚付き ビジネス会議・式典・公式発表の英語表現

関野孝雄 著

A5 並製／定価 2625 円（5% 税込） 本体2500円
ISBN978-4-86064-259-4 C2082 ■ 328 頁

国際標準の発想や価値観、言葉づかいがもとめられるオフィシャルシーンでの、挨拶、進行、スピーチの表現を紹介します。国際的なビジネスマンだった著者が、ネイティブのエグゼクティブが実際に使っていた表現をベースに、これらの表現を活用しやすいかたちに整理し、分類してまとめた一冊。会議や公式行事、式典から人事異動、冠婚葬祭まで、洗練された英語表現が満載。

的確に伝わる 英文ビジネスEメール例文集

大島さくら子 著

A5 並製／定価 1890 円（5% 税込） 本体1800円
ISBN978-4-86064-315-7 C2082 ■ 344 頁

ビジネスEメールでは長々とした挨拶や社交辞令は必要ありません。画面の向こうで受け取る人にきちんと伝わる内容であることが重要です。たとえば苦情を伝える、要請する、間違いを指摘する、催促するなど、こちらの気持ちやニュアンスを正確に伝える必要があります。それを的確に表現した英文で書くことで、初めて相手にきちんと届きます。本書ではビジネスシーンごとに使い方のポイントと様々な表現を数多く紹介しています。組み合わせてどんどん応用できるようになっています。

ビジネスですぐに使える Eメール英語表現集

ディー・オー・エム・フロンティア／味園真紀／小林知子 著

A5 並製／定価 1680 円（5% 税込） 本体1600円
ISBN978-4-86064-034-7 C2082 ■ 296 頁

海外とのビジネス、仕事上の連絡・つきあいにEメールは欠かせません。本書は、現場で日常的にメールで仕事をしているビジネスパーソンが作った使える英語表現集です。ビジネスシーンごとに項目を分け、実際のサンプルを紹介したうえで、そのシーンでよく使う単語・熟語をあげ、また組み合わせて使える応用表現を数多く紹介しています。簡単・簡潔な英文なのでそのままでも、または組み合わせても自由自在に使えます。

英文履歴書の書き方と実例集

田上達夫 著

A5 並製／定価 1995 円（5% 税込） 本体 1900 円
ISBN978-4-939076-94-7 C2082　■ 308 頁

レジュメ（職務経歴書）とカバーレター（自己 PR するための文書）の実例を豊富に収録してあります。良い履歴書とは？ 採用される履歴書とは？ を英文履歴書のプロが徹底的に追求して書いた本です。様々な職種に対応した本当にたくさんの実例は類書にはない充実度です。必ず採用になるポイントをきっちりおさえた履歴書の書き方を教授します。

CD BOOK 採用される英語面接 対策と実例集

田上達夫 著

A5 並製／定価 2100 円（5% 税込） 本体 2000 円
ISBN978-4-86064-049-1 C2082　■ 272 頁

さまざまな職種、経歴に対応した英語面接の質問・回答を豊富に収録してあります。言い直しのできないインタビューで、学歴や知識などの能力に加え、人間性、仕事への意欲など総合的な能力について、いかに面接官によい印象をあたえるか、その詳しい対策と回答例を紹介します。英語面接への不安を取り除き自信を持って望めるようになる本です。

CD BOOK 英語プレゼンテーション すぐに使える技術と表現

妻鳥千鶴子 著

A5 並製／定価 2415 円（5% 税込） 本体 2300 円
ISBN978-4-86064-069-9 C2082　■ 368 頁

日本社会の国際化に伴い、日本人が英語で発表、英語で説明、英語でプレゼンテーションをする機会が増えています。本書は英語でプレゼンテーションをするときに必要な技術とよく使われる表現 3000 をまとめています。プレゼン原稿のアウトラインの作り方から効果的な発表の仕方までをやさしく解説。日本語表現から引ける索引付き。